Raus aus dem Alltag, rein ins Abenteuer. Wer träumt nicht ab und zu davon? Fritz Meinecke weiß, wie es geht und dass man dafür weder mehrere Wochen Urlaub noch ein Flugticket braucht. Urban Exploring, Trekking, Bushcraft, Survival – viele Abenteuer lassen sich direkt vor der eigenen Haustür erleben. In diesem Buch verrät Fritz, der sein Hobby zum Beruf gemacht hat, welche Ausrüstung man dafür benötigt, wie man eine Outdoor-Tour vorbereitet und was es rechtlich zu beachten gilt, bevor man sein Lager im Wald aufschlägt. Egal, ob du vom Wandern abseits der Touristenpfade, vom Erkunden eines verlassenen Kasernengeländes oder von einer mehrtägigen Klettertour in den Bergen träumst – nach dieser Lektüre bist du für dein nächstes Abenteuer bestens gewappnet!

Fritz Meinecke, Jahrgang 1989, lebt in Berlin. Nach seiner Ausbildung als Bankkaufmann war er zwei Jahre bei der Bundeswehr und studierte im Anschluss 3-D-Graphik. Mittlerweile hat er sein Hobby zum Beruf gemacht und ist selbständiger Medienproduzent. Seine Touren, Erfahrungen und kleinen Abenteuer teilt er über seinen YouTube-Kanal Fritz Meinecke mit Tausenden begeisterten Zuschauern.

FRITZ MEINECKE

DER ABENTEURER

Alles, was man über Outdoor wissen muss

MIT HARALD BRAUN

Rowohlt Taschenbuch Verlag

7. Auflage März 2023
Originalausgabe
Veröffentlicht im Rowohlt Taschenbuch Verlag,
Reinbek bei Hamburg, Juni 2017
Copyright © 2017 by Rowohlt Verlag GmbH, Reinbek bei Hamburg
Umschlaggestaltung ZERO Media GmbH, München
Umschlagabbildungen privat; Kirsty Green / EyeEm / Getty Images
Alle Fotos im Innenteil © Fritz Meinecke
Satz aus der DIN Next LT Pro bei Dörlemann Satz, Lemförde
Druck und Bindung CPI books GmbH, Leck
ISBN 978-3-499-63260-0

INHALT

PROLOG

Tschernobyl, Wigald Boning und die Frage: Wie zum Teufel bin ich hier bloß hingeraten? / 11

LIFE BEGINS AT THE END OF YOUR COMFORT ZONE

NEUSTART / Wie man sich an den eigenen Haaren aus dem Dreck ziehen kann. (Der Körper kommt nach.) / 21
EINE FRAGE DER PERSPEKTIVE / Hinfallen, aufstehen: Was es bedeutet, vom Leben einen Tritt in den Hintern zu bekommen. (Und wie ich mich daraus befreit habe.) / 28
MOTIVATION / Was du sein kannst, wenn du willst. (Und warum der innere Schweinehund keine geschützte Tierart ist.) / 33
RISIKO / Warum Angst, Furcht und Vorsicht für einen Abenteurer unerlässlich sind. (Wenn er den Job noch ein wenig länger machen will.) / 41
FITNESS / Motivation ist gut. Ein austrainierter Körper auch nicht schlecht. Beides zusammen: ein Traum. (Warum es wichtig ist, seinen Körper auf Abenteuer vorzubereiten.) / 48

WORUM GEHT'S EIGENTLICH?

URBAN EXPLORING / Einsam und allein, aber trotzdem nicht in der Natur: Von dem melancholischen Glücksgefühl, die verlassenen Orte der Vergangenheit aufzuspüren. / 62

TREKKING / Warum der Weg das Ziel, kein leichter und auch nicht unbedingt der des geringsten Widerstands ist: Vom Glück, Strecke zu machen. / 68

BUSHCRAFT / Zwischen Fahrstuhl und Waldlichtung: Wo die Tücken im Wald und in der Zivilisation lauern und wie ich mit ihnen klarkomme. (Meistens ...) / 73

SURVIVAL

FEUER / Was man braucht. Wie man es entfacht. (Es ist kompliziert.) / 85

WASSER / Vom richtigen Umgang mit Flüssigkeiten und Nahrung für Geist und Körper. / 90

LAGERBAU / Wie man den richtigen Platz zum Übernachten findet. (Auch ohne Zelt und andere Hilfsmittel.) / 94

ZWISCHENSCHRITTE

DER PLAN / Was das Abenteuer von einer Schnapsidee unterscheidet. Über Balance, Orientierung und das Wissen um die Ungewissheit. / 103

DAS WETTER / Wie die Umstände da draußen selbst die beste Planung beeinflussen können. (Und warum Regen, Hitze, Kälte dazugehören.) / 110

WENN NICHTS MEHR GEHT / ... gehen immer noch zwei Stunden. Oder 10 Kilometer. Vom Aufgeben und Weitermachen. / 117

DAS PROJEKT

DAS IST ES! / Warum dieses Projekt? Warum so? (Und: Wie denn?) / 128

GO! / Der Plan steht. Es geht los. (Und wie das Leben gern mal ganz andere Pläne hat.) / 131

DER EINSTIEG / Wir fahren hin. Wir gehen rein. (Vom Jagen und von Jägern.) / 135

WOW! / Erste Eindrücke. Die Suche nach dem Basislager. Zweite, dritte Eindrücke. (Davon, wie Träume wahr werden.) / 141

DER RUNDGANG / Urbex in der Unterwelt: Das große Staunen (Aber alles mit Helm!) / 145

FINALE / Ravioli, Bilanzen und der Wunsch nach weiter, immer weiter. / 150

SERVICE – WAS BRAUCHE ICH WOFÜR?

BUSHCRAFT / Alles, was ich mitnehmen würde. / 159

URBAN EXPLORING (LOST PLACES) / Meine persönliche Packliste. / 164

TREKKING / Hier kommt es auf jedes Gramm an. / 170

BACKPACKS / Was man bei der Wahl eines Rucksacks bedenken muss. (Sonst droht Rücken …) / 179

MOBILE HOMES / Übernachten in freier Natur. / 182

WAS FÜR UNTENRUM / Warum ein guter Schlafsack wie ein Freund fürs Leben sein kann (und sollte). Und immer an die Matte denken! / 188

DER GOLDENE SCHNITT / Was man bedenken sollte, wenn man ein Messer auswählt. (Aber ja: Nehmt ein Messer mit!) / 191

ZWIEBELSCHICHTEN / Schuhe sind die Basis,
der Rest die Kür. / 195
IN DER HITZE DER NACHT / Seit Tagen keine Zivilisation
mehr um dich herum? Keine Entschuldigung
für mieses Essen. / 199
SAUBER, MANN! / Selbst wenn du niemandem begegnest,
dem du gefallen musst – Hygiene ist auch outdoor
keine Glückssache. / 202

LAW & ORDER

DEIN GUTES (UND WENIGER GUTES) RECHT / Gut zu wissen,
was man darf und nicht. Im Prinzip. (Manchmal schützt
Unwissenheit sogar vor Strafe.) / 207

EPILOG

Weiter, immer weiter? Schon. Aber nie das
Atmen vergessen! / 217

TSCHERNOBYL, WIGALD BONING UND DIE FRAGE: WIE ZUM TEUFEL BIN ICH HIER BLOSS HINGERATEN?

Der Tag, an dem ich auf der Rückbank eines schrammeligen Transporters im Hinterland der Ukraine herumgeschüttelt werde, fühlt sich überwiegend kalt und grau an. Das hat sicher auch mit dem osteuropäischen Wetter im April 2016 zu tun, aber nicht nur. Ich bin gerade zusammen mit ein paar Gleichgesinnten auf dem abgefahrensten Trip meines Lebens. Das meine ich nicht im Sinne von «geil» oder «krass» und was einem sonst so einfällt, wenn man den spaßigen Jungskram beschreibt, den wir uns hin und wieder geben müssen, um uns lebendig zu fühlen. Wir rasen nicht mit einer Seifenkiste über eine vereiste Rodelbahn oder teilen uns in Las Vegas mit einem Tiger ein Badezimmer. Nein, diesmal fühlt es sich wirklich gefährlich an. Mich beschleicht seit Stunden ein zunehmend ungutes Gefühl. Nennen wir es: Angst. Ich achte nicht einmal mehr darauf, meinen Kopf zu schützen, wenn unser Fahrer – er heißt Boris und trägt wirklich eine dieser Mützen, die man sonst nur aus dem Fernsehen von Ivan Rebroff kennt – über eines dieser grabgroßen Schlaglöcher fährt, die hier schon lange nicht mehr ausgebessert werden. Seit einer Stunde sind wir auf der Straße niemandem mehr begegnet. Eine Überraschung ist das nicht. Da, wo wir hinwollen, wächst kein Gras mehr. Und das ist noch das kleinste Problem in dieser seltsam verloren wirkenden Landschaft, die in tristen Farben an mir vorbeischwebt. R.E.M. kommen mir in den Sinn, leise summe ich ihren Song «It's the end of the world as we know it».
Genau so sieht es da draußen aus. Die Dörfer, die wir in den letzten Stunden passiert haben, erinnern mich an die russischen Militärkasernen, die ich bei meinen Explorer-Touren so gut kennengelernt habe: Weitläufig und monumental wirken sie, kalt und rechtwinklig; nicht gemacht, um Menschen darin leben, nicht einmal darin wohnen zu lassen. Vereinzelt huschen verwahrloste Hunde durch die verlassen wirkenden Häu-

serschluchten, provisorisch verlegte Elektrokabel ragen in die Straßen wie die Fasern eines Gemüsestrunks. Nur selten kommen Menschen aus den wuchtigen Steinbauten, das bisschen Leben auf den Straßen wirkt so melancholisch wie ein regnerischer Sonntagnachmittag. Auf den provisorischen Seitenstreifen, aber auch neben verfallenen Häusern und windschiefen Garagen parken zerstörte, von Zeit, Wind und Wetter besiegte Autowracks. Bei einigen bin ich nicht sicher, ob sie nicht trotzdem noch gefahren werden. Einen TÜV, das habe ich schon in den belebteren Teilen der Ukraine festgestellt, scheint es hier nicht zu geben. Gefahren wird, was sich noch fahren lässt, und zwar so lange, bis der Motor seinen Geist aufgibt oder die Räder abfallen – je nachdem, was zuerst geschieht. Einige dieser Fahrzeuge scheinen nur noch vom Rost zusammengehalten zu werden. Mit jedem Kilometer, der uns näher an unser Ziel führt, wird unsere Stimmung gedrückter. Unsere Gespräche versickern nach und nach tonlos, jeder ist mit sich und den Eindrücken dieser merkwürdigen Reise beschäftigt.

Plötzlich taucht vor uns ein Wachhäuschen auf, auf dem in Schönschrift kyrillische Zeichen aufgemalt sind. Wir halten etwa 20, 25 Meter vor einer heruntergelassenen Holzschranke, die offenbar noch manuell bedient werden muss. Weder unser Fahrer Boris noch unser offizieller Ukraine-Guide Taras sagt einen Ton. Beide machen auch keine Anstalten, aus dem Wagen zu steigen. Eine Minute vergeht, eine zweite. Niemand im Wagen spricht ein Wort, obwohl eigentlich kein Anlass zur Nervosität bestehen dürfte: Wir sind angemeldet. Taras nickt uns beschwichtigend zu: «Nicht Problem, ist normal.»

Endlich öffnet sich die Tür, ein Mann tritt aus dem Wachhäuschen, das nur aus einem Stockwerk besteht und nicht viel größer als eine Doppelgarage ist, und begrüßt uns freundlich. Es ist Alex, der lokale Guide, der uns in den nächsten drei Tagen begleiten und dafür sorgen wird, dass wir ein wenig mehr von diesem Ort verstehen, von dem wir schon so viel gehört haben.

«Willkommen in der Todeszone von Tschernobyl», sagt Alex lächelnd und so lakonisch, als erwarte er uns für eine Führung im Wuppertaler Zoo.

Willkommen. In. Der. Todeszone. Von. Tschernobyl.
Wow. Sechs Worte, die man sich auf der Zunge zergehen lassen muss. Ein Satz für die Ewigkeit, einer aus der Kategorie «Sir, Ihr Hubschrauber steht jetzt bereit» oder «Real Madrid am Telefon, haben Sie in den nächsten drei Jahren schon was vor?». Irgendwie surreal. Für mich war Tschernobyl bis vor ein paar Monaten – wie für viele von euch vermutlich auch – bloß der abstrakte Inbegriff einer nuklearen Katastrophe, eine formidable Schweinerei, die sich ein paar Jahre vor meiner Geburt ereignet hatte. Detailwissen? Überschaubar. Ich musste erst einmal nachschlagen, was damals passiert ist: Der Unfall vom 26. April 1986 im Kernkraftwerk von Tschernobyl gilt als die größte Katastrophe der Technik-Geschichte. Durch eine Verkettung von Bedienungsfehlern und miesem Krisenmanagement kam es vor 30 Jahren zu einem Brand in einem der Reaktoren des Kernkraftwerks und infolgedessen zu einer

PROLOG

Kernschmelze, dem größten anzunehmenden Unfall in einem Atomkraftwerk. Diverse Brennelemente und Teile des Kerns wurden in die Luft geschleudert, radioaktive Emissionen, vor allem die Stoffe Jod 131 und das langlebige Cäsium 137, verteilten sich durch den Wind über ganz Europa. Insgesamt wurde rund 200 000 Quadratkilometer Land verseucht, etwa 70 Prozent davon befinden sich in der Ukraine, Weißrussland und Russland. Das Gebiet im Umkreis von 30 Kilometern um den Unfallort in Tschernobyl gilt als besonders belastet – und ist bis heute eine Sperrzone.

Und nun stehe ich am ersten Checkpoint der sogenannten Todeszone von Tschernobyl und bin offenbar drauf und dran, bis ins Zentrum dieser atomaren Vorhölle vorzudringen. An einen Ort, dessen Name allein ein wenig gespenstisch und genauso gefährlich klingt und über den mehr Mythen existieren als über das Ungeheuer von Loch Ness. Mit dem Unterschied, dass es Tschernobyl wirklich gibt. Wir werden heute in die Sperrzone von Tschernobyl fahren. Das klingt heikel: Man stellt sich so eine Sperrzone ja schließlich vor wie eine hochgradig verseuchte No-go-Area, in der Siechtum und Tod hinter jeder Ecke lauern. Ist es da nicht Selbstmord auf Raten, einen solchen Ort freiwillig zu besuchen, nur um zu sehen, was 30 Jahre nach dem Unfall mit der toten Hülle der einst florierenden Stadt Prypjat in der Nähe des Atomkraftwerkes geschehen ist? Ist die Exkursion in eine verseuchte Geisterstadt nicht notwendigerweise ein leichtsinniger Wahnsinn? Gehe ich diesmal möglicherweise einen Schritt zu weit?

Gute Fragen. Und auch gute Gründe, von solch einem Vorhaben abzusehen. Ich habe Verständnis für jeden, der an dieser Stelle gesagt hätte: Mag ja interessant sein, das mal zu sehen, aber dafür ist mir der Preis einfach zu hoch. Total okay. Verstehe ich. Aber solche Entscheidungen müssen wir Urban Explorer, Surviver, Outdoor-Aktivisten hin und wieder treffen. Ich persönlich gehöre nicht zu den Abenteuer-Junkies, die um jeden Preis den Adrenalin-Kick suchen. Raus aus der Komfortzone heißt ja gar nicht, um jeden Preis ins Risiko zu gehen. Raus aus der Komfortzone kann schon sein, am Sonntagnachmittag eine dreistündige Wan-

PROLOG

derung im Watt zu unternehmen oder einen Mountainbike-Ausflug auf den nächsten Berg, wenn die Alternative ein Stück Käse-Sahne-Torte auf dem Sofa gewesen wäre oder eine Daddeleinheit «Counter Strike».
Ich habe meine Komfortzone verlassen, um nach Tschernobyl zu reisen, aber ich bin nicht lebensmüde: Die Verantwortlichen in Tschernobyl haben uns versichert, dass man relativ gefahrlos in die Sperrzone hineingehen kann, alles halb so wild. Man sollte ein paar Spielregeln beachten, das ja, aber ansonsten: Go for it! Ganz sicher kann ich das vermutlich erst in 25 Jahren beurteilen, aber ich habe mich trotzdem entschlossen, das zu machen. Ich vertraue einfach mal den Spezialisten, die behaupten: Es sei zwar nicht ganz ungefährlich, sich in der Sperrzone Tschernobyls aufzuhalten, aber das gelte nur für längere Besuche und dann auch nur, wenn man sich den sogenannten Hot Spots nähert, an denen die radioaktive Strahlung immer noch besonders hoch sei.
Wer es aber wagt, bis in das Zentrum der Sperrzone vorzudringen, werde dafür, so heißt es, mit beeindruckenden Bildern belohnt. Davon habe ich gehört, von Prypjat vor allem. In Prypjat lebten vor 30 Jahren die Arbeiter des Kernkraftwerks Tschernobyl mit ihren Familien. Ein paar Tage nach der Reaktorkatastrophe wurde die gesamte Bevölkerung evakuiert, mehr als 40 000 Einwohner. Dabei musste es offenbar schnell gehen, sehr schnell: Wer heute als Tourist mit einer Sondergenehmigung nach Prypjat einreist, hat den Eindruck, dass die Menschen erst ein paar Stunden zuvor aus der Stadt verschwunden sind. Ein Paradies für Lost-Places-Jäger, wie ich schon von vielen Fotos weiß: gedeckte Tische, kurz abgelegte Puppen in Kinderzimmern, Plakate für das einst kurz bevorstehende Maifest 1986 an den Häuserwänden – alles noch genau so, wie die Stadt vor 30 Jahren verlassen worden ist, zuzüglich der altersbedingten Patina, die ein unbelebter Ort über sich legt wie eine feine Decke aus Rost und ungezügelter Natur. Ich kenne auch die Fotos eines gespenstisch wirkenden Vergnügungsparks in Prypjat und des darin fast schon ikonographisch anmutenden Riesenrads, so oft, wie diese Bilder um die Welt gingen. Ich erwarte ein wahres Abenteuerparadies für Nostalgiker und Menschen wie mich, die sich dem erha-

benen Charme einer solchen Szenerie für gewöhnlich nicht entziehen können.
Einerseits. Trotzdem bleibt der Nervenkitzel, bleibt eine unbestimmte Furcht. Radioaktivität ist ein unsichtbarer, ein tückischer Feind, der sich am eigenen Körper erst bemerkbar macht, wenn er nicht mehr zu bekämpfen ist. Das macht es so schwierig, sich vor ihm zu schützen. Unser Guide Alex gibt uns ein letztes Briefing, geduldig werden wir mit den Sicherheitsbestimmungen in der Todeszone vertraut gemacht. Alex hat ein Dosimeter dabei, ein Gerät, das die Strahlung in seiner Umgebung anzeigt und in den nächsten Tagen darüber entscheiden wird, wohin wir uns vorwagen können – und in welche Ecken wir besser keinen Fuß setzen. Der Asphalt in der Sperrzone soll inzwischen vom Militär gereinigt worden sein, erzählt uns Alex beiläufig, aber ein Großteil des Geländes sei noch immer stark kontaminiert, die Strahlung setze sich vor allem im Erdboden und im Moos fest. Das heißt für uns: nirgendwo auf den

PROLOG

Boden setzen, nix anfassen und immer brav auf dem Weg bleiben. Wir schlucken kollektiv und schauen uns schief an. Na, vielen Dank. Das klingt nicht unbedingt nach einem schlüssigen Sicherheitskonzept. Alex scheint unsere Irritation zu spüren: «Keine Angst, Leute, ich bin ja jeden Tag hier und lebe auch noch!»

Ich atme tief ein und schaue mich ein letztes Mal um, bevor wir die Holzschranke und das Wachhäuschen hinter uns lassen. Es ist absurd. Bin ich das hier wirklich? Ich muss lächeln: Mit dem kleinen Fritz aus Magdeburg, dem ehemaligen Bankkaufmann mit Festanstellung und einer Vorliebe für nächtelange Computerspiel-Sessions, hat das hier nichts mehr zu tun. Der Name, den ich damals am Revers trug, mag noch stimmen, aber das Leben dazu hat sich ziemlich verändert. Kein Grund, sich zu beschweren ... Neben mir stehen ein paar Kameramänner und warten auf mein Kommando. Okay, auf unser Kommando. Ich bin nicht als Tourist hier in die Ukraine gereist, ich bin für die Sendung *Wigald & Fritz – die Geschichtsjäger* unterwegs. Ich werde unseren Trip nach Tschernobyl für den TV-Kanal HISTORY Deutschland filmen. Mein TV-Partner ist Wigald Boning, der bekannte TV-Komödiant und Hobbyforscher – er ist für die geschichtliche Einordnung der Lost Places, der verlassenen Orte, zuständig, die wir heute hier und in den nächsten Wochen auch noch in einigen spannenden Regionen Deutschlands besuchen wollen. Ich werde im Vorspann von *Wigald & Fritz* als «YouTuber» und «Urban Explorer» vorgestellt, und ich lache ein wenig ungläubig in mich hinein. What the f... mache ich hier eigentlich? Oder besser: Wie zum Teufel habe ich es bis zu diesem Punkt geschafft? Als offizieller TV-Abenteurer. Nach Tschernobyl. Neben Wigald Boning.

Die Kurzfassung lautet: Vermutlich mit ein wenig Glück und einer Menge Willenskraft. Wer aber ein bisschen genauer wissen will, wie ich in den letzten Jahren vom Bankkaufmann im weißen Hemd zum Outdoor-Nerd in müffelnder Funktionsklamotte geworden bin, den lade ich sehr herzlich ein, sich auf den folgenden Seiten die lange Version meiner Geschichte anzuhören.

> «Furcht besiegt mehr Menschen
> als irgendetwas anderes auf der Welt.»
> Ralph Waldo Emerson

NEUSTART
WIE MAN SICH AN DEN EIGENEN HAAREN AUS DEM DRECK ZIEHEN KANN. (DER KÖRPER KOMMT NACH.)

Klar hätte ich's auch gern einen Tick glamouröser gehabt. Aber es ist, wie es ist: Alles begann im September 2014 in einem Kaff in Nordrhein-Westfalen, auf dem Gelände des Jagdschlosses Herdringen bei Arnsberg. Klingt vielleicht ein wenig läppisch, aber es ist die Wahrheit. Mein Leben änderte sich im Hochsauerlandkreis. Damals Schauplatz einer Veranstaltung, die mir noch vor kurzer Zeit vollkommen unbekannt gewesen war. Wir reden vom Tough Mudder, einer Art schrägem Hindernislauf für Menschen, die sich nicht davor fürchten, an ihre körperlichen Grenzen zu gehen. Von einem Adrenalin-Exzess und einer Schmutz-Tortur, die auf den ersten Blick nicht unbedingt viel Sinn macht, aber bei Teilnehmern und Zuschauern gleichermaßen für erstaunlich gute Laune sorgt. Ein Tough Mudder ist in der Regel 16 bis 18 Kilometer lang. Ziel eines solchen Events ist es – neben dem Spaß für die Teilnehmer –, mentale und körperliche Stärke auszubilden und den Teamgedanken zu fördern. Es geht nicht in erster Linie darum, zu gewinnen, sondern eigene Grenzen im Rahmen eines sportlichen Events auszutesten. Allzu lange gibt es diesen Lauf noch nicht: Die Engländer Will Dean und Guy Livingstone veranstalteten den ersten Tough Mudder am 2. Mai 2010 in Pennsylvania, USA, mit 4500 Teilnehmern.
Bis zu diesem Tag im September 2014 hatte sich meine Begeisterung für Outdoor-Unternehmungen ziemlich gut versteckt. Bis vor ein paar

Jahren bin ich kaum gereist, und mich hat es auch nicht wirklich interessiert, was die Welt außerhalb meiner diversen Wohnorte zu bieten hatte. Auch die Teilnahme am Tough Mudder in Arnsberg war ursprünglich nicht als Auftakt einer «Karriere» als Outdoor-Spezialist und Abenteurer geplant. Ich hatte darüber erstmals auf Facebook gelesen und die Info im Freundeskreis verbreitet. Mein Leben lief zu dieser Zeit, sagen wir, nicht ganz reibunglos. (Darauf komme ich später noch zurück.) Jedenfalls war ich offen für Neues, und so meldete ich mich zusammen mit einigen Freunden ein halbes Jahr vorher für den Lauf in Arnsberg an. 90 Euro Teilnahmegebühr für ein kurioses Abenteuer, über das ich im Grunde nicht viel wusste. Nur so viel: Man sollte einen 18 Kilometer langen Parcours möglichst schnell durchlaufen und dabei jede Menge Hindernisse überwinden können. Man sollte weiterhin keine Angst davor haben, durch Schlammlöcher zu waten und durch Eiswasser zu schwimmen, und eine gute Krankenversicherung wäre auch nicht schlecht. Kurz gesagt: Der Tough Mudder schien eine prima Herausforderung für Verrückte und Grenzgänger zu sein, und das war genau das, was ich damals brauchte.

Ich muss zugeben, dass mein Körper für derartige Vorhaben weit weniger gut ausgestattet war als mein Kopf. Ich trieb ein wenig Sport, okay, aber ein Hindernislauf über 18 Kilometer? Never. Also trainierte ich schon Monate vorher in meiner Heimatstadt Magdeburg, wann immer ich Zeit fand. Joggte an der Elbe entlang, machte Klimmzüge und Situps und baute nach und nach auch zu überkletternde Hindernisse ein, die sich ohnehin auf meinen Strecken befanden: Treppen, Spielplätze, Mauervorsprünge – wenn man die Augen offen hält, kann so ziemlich alles auf der Straße zum Trainingsgerät werden. Um zu wissen, wie sich das im Ernstfall anfühlt, bin ich dann irgendwann auch in die Elbe gesprungen. Ins April-Wasser. Wenig überraschende Erkenntnis: Es fühlt sich kalt an. Sehr kalt. Und dieses Gefühl wird auch nicht besser, wenn man die letzten acht Kilometer klitschnass nach Hause rennt und dabei mit den Zähnen ein Geräusch macht, als wolle man nach Übersee telegraphieren. Mal ganz abgesehen von den Blicken meiner teils befremde-

ten, teils amüsierten Magdeburger Mitbürger. Aber das muss man halt abkönnen, wenn man sich schon entschlossen hat, Extremsportler zu werden ...

Wenn ich heute an meinen ersten Tough Mudder zurückdenke, sehe ich als Erstes diese Schilder vor mir, die überall auf dem Parcours platziert waren: «Life begins at the end of your comfort zone».

Am Start des idyllischen Geländes vom Jagdschloss Herdringen aber drang die Botschaft noch nicht vollumfänglich in mein Bewusstsein. Ich war zusammen mit drei Freunden durch die halbe Republik gereist, wir hatten die Nacht auf einem zugigen Campingplatz verbracht und uns insgeheim durchaus Sorgen darüber gemacht, was uns am nächsten Tag erwarten würde. Und nun turnte am Start des Tough-Mudder-Parcours unsere «Konkurrenz» um uns herum, als ob's zum Karneval ginge: Einige der Teilnehmer trugen Perücken, andere waren im Business-Dress (mit Aktentasche!) oder im Superman-Outfit angereist und planten offenbar, die Strecke in diesem Aufzug zu bewältigen. Wir vier hatten uns mit Edding unsere Startnummern aufgemalt, aber das war's auch schon. Allerdings verstanden wir auch ohne Pappnasen recht schnell, dass es beim Tough Mudder kein wirkliches Gegeneinander gab und der gemeinsame Spaß mindestens genauso wichtig sein würde wie die sportliche Leistung. Die allgemeine Hochstimmung übertrug sich schnell auf uns, und wir beschlossen, auf jeden Fall gemeinsam ins Ziel zu laufen. (Ein paar Wochen später absolvierten wir schon den nächsten Tough Mudder, diesmal dann auch gegeneinander, einfach um unsere persönlichen Grenzen auszutesten.) Beim ersten Mal aber standen in erster Linie Spaß und der Teamgedanke im Vordergrund.

Das heißt allerdings keineswegs, dass meine Premiere ein Kinderspiel gewesen wäre. Versuch mal, eine rutschige, mit Schlamm und Fett beschmierte Quarterpipe hochzulaufen, die ansonsten von Skatern befahren wird. Oder über einen engen Pfad aus Stroh zu laufen, bei dem man bei Fehltritten von (leichten) Elektroschocks drangsaliert wird. Besonders gut hat sich ein tückisches Hindernis in mein Gedächtnis eingebrannt – oder, besser gesagt, gefroren: Es trägt den harmlosen Namen Arctic Enema, man könnte es als einen Eiszeitsimulator für Unerschrockene bezeichnen. Funktioniert so: Wir stürzten uns kopfüber in eine Art Tümpel aus Eiswürfeln und tauchten unter einem (nicht sooo langen) Tunnel durch, um auf der anderen Seite des Tümpels – inzwischen vereist wie ein Thunfisch in der Tiefkühltruhe – wieder auf die normale Strecke entlassen zu werden. Klingt erfrischend, wenn man in einem warmen Zimmer vor dem Kamin sitzt, aber in einem Outdoor-Rennen im Schlamm, bei dem man ohnehin friert wie ein Schneider, ist es die Pest in Tüten: Hinterher wird man einfach nicht mehr warm, außerdem litt ich noch Stunden später unter gemeinen Kopfschmerzen von meinem Tauchgang im Eis.

Nach ungefähr zwei Drittel der Strecke hatte ich ganz gut verstanden, was «the end of your comfort zone» heißen könnte. Ich hatte dieses Ende definitiv erreicht. Das galt aber offenbar auch für die meisten meiner

sogenannten Konkurrenten. Wenn ich in ihre euphorisierten und gleichzeitig erschöpften Gesichter sah, ahnte ich: Die kämpften genau wie ich immer wieder mal gegen den Impuls an, sich wie ein Maikäfer auf den Rücken zu werfen und zu sagen: «Sorry, Leute – das war's.»
Meine Freunde und ich haben unseren ersten Tough Mudder dann tatsächlich irgendwie überstanden, gefinished, wie der Fachmann das nennt. Wir waren nicht die Schnellsten, vermutlich nicht mal unter den ersten 100, aber was soll's – wir wollten da gemeinsam als Team durch und haben das auch geschafft. Erschöpft, entkräftet, schmutzig wie Bergleute nach einer Doppelschicht, aber glücklich. Und irgendwann später, am brennenden Lagerfeuer, mit Schürfwunden an den Armen, Knien aus Pudding und Schmutzpartikeln in Ohren und Nase, verstand ich auch den ersten Teil des Satzes, der mich den ganzen Tag verfolgt hatte: «Life begins at the end of your comfort zone.» Es stimmt. So lebendig hatte ich mich seit Monaten, ach was, seit Jahren nicht mehr gefühlt. Ich kapierte plötzlich, was der Arzt und Bestsellerautor Eckart von Hirschhausen gemeint haben könnte, als er schrieb: «Investiert euer Geld nicht in materielle Sachen, investiert in Erlebnisse!» Es ist ja wirklich so: Das dritte Paar Sneakers macht auch nicht hipper, das Cabrio in der Garage nicht glücklicher, jedenfalls nicht lange. Zu Hause auf dem Sofa wird man keine Abenteuer erleben – selbst, wenn es ein teures Designerstück ist. Abenteuer erlebt man, wenn man an seine Grenzen geht, Neues entdeckt, andere Menschen, fremde Länder, sich selbst besser kennenlernt. Und das kann man nur da draußen, außerhalb der eigenen Komfortzone.
Später nannte ich meinen YouTube-Channel End of the Comfort Zone. Was ganz klein mit einer Facebook-Seite gleichen Namens begann, die ich damals mit zwei Freunden startete, um unsere Abenteuer mit anderen Gleichgesinnten zu teilen, hat sich längst zu einem umfassenden Projekt entwickelt, um das sich mein ganzes Leben dreht (und inzwischen unter meinem Namen läuft). Inzwischen ist es so: Wenn ich ein paar Wochen lang nicht unterwegs war, um das Fürchten und das Staunen zu lernen, spüre ich, wie meine innere Unruhe von Tag zu Tag

größer wird, bis ich mich kaum mehr konzentrieren kann. Ich will, nein, ich muss dann an die frische Luft, ins Freie, raus aus dem Alltag, rein ins Abenteuer. Oft werde ich gefragt: «Warum tust du dir das an? Diese anstrengenden Touren, das Übernachten im Freien bei Wind und Wetter, der Schlaf auf harten Isomatten? So ein gemütliches Bett zu Hause ist doch tausendmal bequemer.»

Stimmt. Ich schlafe gern zu Hause auf einer weichen Matratze. Ich genieße es. Ich bin nicht auf der Welt, um zu leiden oder mich selbst zu bestrafen. Ich könnte mir auch ein Leben fernab jeglicher Zivilisation, so wie es manche Aussteiger führen, für mich nicht vorstellen. Es sind die situativen Abenteuer, die mich reizen, kleine Fluchten, kurze Exkursionen ins Ungewisse. Oder, um diesen Ausdruck noch einmal zu verwenden, weil er so perfekt zutrifft: Ich liebe es, immer wieder meine Komfortzone zu verlassen. Das müssen nicht zwangsläufig extrem anstrengende, gefährliche oder besonders zeitintensive Unternehmungen sein, man muss dazu auch nicht unbedingt ins Ausland fliegen. Eine laue Sommernacht an einem See im Thüringer Wald kann ein wunderschönes Erlebnis sein. Dazu ein knisterndes Lagerfeuer und ein paar gute

Freunde, mit denen man über den nächsten Trip redet oder, frei von allen Ablenkungen, über das Leben philosophiert – diese Momente bedeuten für mich Freiheit. In der Natur kann ich die Hektik der Stadt hinter mir lassen, dem Lärm entfliehen, dem Overkill an Information und Überfluss. Zugegeben: Es gibt auch andere Tage. Anstrengende und ambitionierte Touren, die in Sackgassen enden, Enttäuschungen, die mich trotzdem so sehr fordern und erschöpfen, dass ich mich manchmal selbst frage: «Warum? Warum bloß tust du dir das an?» Wie oft bin ich übel gestürzt, war am Ende eines Projekts völlig erschöpft, dehydriert und unfähig, noch einen einzigen Kilometer zu gehen. Und das soll Spaß machen, alles in allem?, wird sich jetzt so mancher fragen, der das hier liest. Das soll Lebensqualität bedeuten, vielleicht sogar Glück? Ich verstehe das gut. Bis zu meinem ersten Tough Mudder in Arnsberg, diesem Kaff im Hochsauerlandkreis, damals im September 2014, hätte ich diese Frage auch gestellt. Skeptisch, kritisch, vermutlich sogar ein wenig bräsig. Seit diesem Tag aber weiß ich, was es für ein großartiges Gefühl sein kann, seine Grenzen ausgetestet, seine Sinne geschärft, seine Ängste überwunden zu haben. Es war – im Rückblick – sicher nicht das ganz große Ding, dieser Hindernislauf im Dreck. Doch für mich hat er damals die Tür in ein Paralleluniversum geöffnet – ein kleines Stück nur, aber nachhaltig. Ich weiß seitdem: Dieses Gefühl, wenn du ein Abenteuer – sportlich oder mental – trotz aller Widrigkeiten aus eigener Kraft bewältigt hast, ist unbeschreiblich. Das Wissen, in bestimmten Situationen über sich selbst hinauszuwachsen und mit purer Willenskraft Berge versetzen zu können – das macht mich stolz und glücklich.
Zudem gibt es auch immer wieder Momente bei meinen Touren, die nicht planbar und vorhersehbar sind, sozusagen Kollateral-Boni des Glücks: wenn mir an einem fremden Ort plötzlich ein Sonnenaufgang in seiner Schönheit die Sprache verschlägt, wenn die unglaubliche Aussicht auf einem Berggipfel sich anfühlt, als sei sie in diesem Moment nur für mich erschaffen worden – oder wenn ich tief unter der Erde durch verlassene Bunker robbe und Orte aus längst vergessener Zeit entdecke. Es sind diese perfekten Augenblicke, die man nie wieder vergisst, es sind

die seltenen Stunden, die man in vollkommener Harmonie mit seinen Freunden teilen kann, ohne ein einziges Wort darüber verlieren zu müssen. Einfach, weil es sich richtig anfühlt und alle, die in solchen Momenten in deiner Nähe sind, das genau so empfinden.

Hin und wieder kommt natürlich einer meiner Freunde oder ein Mitglied meiner Familie zu mir und fragt, wo ich mich am nächsten Wochenende schon wieder rumtreiben werde, ob das nicht gefährlich sei und überhaupt: Für so was müsse man doch irgendwie auch ganz schön verrückt sein? Ich zucke in diesen Momenten nur mit den Schultern und lächle. Mag sein, dass man einiges von dem, was ich mit meinem Leben anstelle, verrückt finden kann. Aber wie schrieb schon der Arzt und Psychiater Dr. Manfred Lütz in seinem gleichnamigen Buch? «Irre! Wir behandeln die Falschen. Unser Problem sind die Normalen.»

EINE FRAGE DER PERSPEKTIVE
HINFALLEN, AUFSTEHEN: WAS ES BEDEUTET, VOM LEBEN EINEN TRITT IN DEN HINTERN ZU BEKOMMEN. (UND WIE ICH MICH DARAUS BEFREIT HABE.)

Ich hatte es ja schon angedeutet: Es gab eine Phase in meinem Leben, in der ich ein klein wenig durchhing. Um es mal vorsichtig auszudrücken. Das lag natürlich, keine Überraschung, an den Frauen. Na ja, an einer Frau. Der Tag, als mich meine Freundin nach fast fünf Jahren gemeinsamer Zeit verließ, war der Buzzer für die schwerste Zeit meines Lebens. Manch einer kennt das vielleicht, wenn einem – ganz unerwartet – der Boden unter den Füßen weggezogen wird, wenn der wichtigste Mensch in deinem Leben sich entscheidet, lieber ab sofort eigene Wege zu gehen. Widerspruch zwecklos. Genau das war mir passiert. Von jetzt auf gleich war alles anders. Aus **unseren** Plänen war in Rekordzeit **meine** Planlosigkeit geworden. Es fühlt sich einfach, mit Verlaub, scheiße an, wenn

alles, was du dir in den letzten Jahren erarbeitet und manchmal auch erkämpft hast – weil es in Beziehungen ja selten anders funktioniert –, plötzlich nicht mehr zählt. Meine kleine heile Welt lag in Trümmern. Das mag pathetisch klingen, aber jeder, der schon einmal von seiner Freundin, seiner Partnerin, seiner vermeintlichen großen Liebe verlassen worden ist, weiß, wovon ich spreche. Plötzlich hatte mein Leben keinen Fokus in der Zukunft mehr, sondern war nur noch eine wehmütige Retrospektive mit verklärten Bildern aus der Vergangenheit. Ich beschäftigte mich 24 Stunden am Tag mit den gleichen Fragen, ohne Antworten zu bekommen: Was habe ich falsch gemacht? Wie soll es ohne sie bloß weitergehen? Wird mein Leben je wieder lebenswert sein?
Klar hört sich das mit ein wenig Abstand ziemlich dramatisch und selbstmitleidig an, merk ich jetzt auch. Aber erzähl das mal einem Typen, der sich von einer Sekunde auf die andere allein gelassen in der emotionalen Arktis wähnt, umgeben von Eiseskälte und schneegrauer Hoffnungslosigkeit? Wie sollte ich mich bloß aus diesem tiefen Loch

je wieder befreien, in dem ich mich in einer Suppe aus Selbstmitleid und Verzweiflung suhlte? Zum ersten Mal in meinem Leben dachte ich sogar an Selbstmord. Ich lag tagelang regungslos im Bett. Pläne, Projekte, Freude? Reine Science-Fiction. Ich wollte ganze Tage nichts essen, schlief komatös, starrte an die Decke oder auf den Computer, intellektuell retardierte ich in dieser Phase meines Lebens zu einem dressierten Schimpansen – nur schlechter gelaunt.

Ich weiß nicht, wie lange das noch so weitergegangen wäre, aber andererseits bin ich froh, dass ich die Frage nicht beantworten muss. Hätte übel ausgehen können. Der Umstand, dass ich wieder auf die Beine kam, hat mit vielen Dingen zu tun. Mit der Zeit, die angeblich alle Wunden heilt, mit meinem Stolz und meinem Selbsterhaltungstrieb, auch mit Sylvester Stallone respektive seiner Filmfigur Rocky Balboa. Okay, ja, ich bin ein Fan von Rocky Balboa, und ich habe ein Lieblingszitat aus dem Film, das ich laut aufsage, wenn es mir schlecht geht oder wenn ich vor einem Problem stehe, das ich auf Anhieb nicht lösen kann. Es lautet sinngemäß: «Es kommt nicht drauf an, wie hart man zuschlagen kann, sondern darauf, wie viel man einstecken kann und trotzdem weitermacht. Nur so gewinnt man.» Hat mir geholfen, der Balboa. Der Impuls für eine wirklich spürbare Veränderung meiner Verfassung aber ging eindeutig von Julien Bam aus.

Kennt ihr Julien Bam? Vermutlich schon. Er ist ein YouTuber, wie ich inzwischen einer bin, mit dem Unterschied, dass er ein klein wenig mehr Erfolg hat. Ein bisschen. Bis jetzt. Wie viel mehr Erfolg? Ist das wichtig? Okay, er hat drei Millionen Abonnenten. Ich bin einer davon – und werde ihm immer dankbar sein, denn er brachte mich mit seinem Video «Eine Frage der Perspektive» dazu, mal einen Moment über etwas anderes nachzudenken als über meine in die Brüche gegangene Beziehung oder die nächste Folge von Two and a Half Men. In seinem Video «Eine Frage der Perspektive» sagt er ein paar smarte Sachen darüber, dass man a) einen Fehler macht, wenn man sich und seine Sicht auf die Welt für den Mittelpunkt des Universums hält, und b) dass alles, was auf den ersten Blick ganz schön mies aussieht, aus einem anderen Blickwinkel auch

EINE FRAGE DER PERSPEKTIVE

eine gute Seite hat. «Brecht rechts und links durch den Nebel und entdeckt dahinter neue Wege» ist einer dieser Sätze, die mir in Erinnerung geblieben sind, oder auch: «Es gibt Momente im Leben, in denen ihr das Gefühl habt, alles steht kopf. Doch es ist nicht immer alles so, wie es scheint.»
Erschien mir einleuchtend, zumal Julien Bam diese Ideen in seinem Video eindrucksvoll visualisierte. Übertragen auf mich, versuchte ich, die ganzen negativen Dinge in meinem Leben mal probehalber in einem anderen Licht, eben positiv zu sehen. Die Zeit mit meiner Exfreundin zum Beispiel. Ich erkannte: Das waren gute Jahre, trotz allem. Da sind Erinnerungen entstanden, die mich mein ganzes Leben begleiten werden – zwar schmerzvolle, aber auch schöne Erinnerungen, die ich nicht missen will. Und das Ende der Beziehung heißt doch aus einer anderen Perspektive, dass ich von einem Tag auf den anderen wieder frei und unabhängig bin. Egal, ob ich auf den Mond fliegen oder einen Golfkurs machen, ob ich nach New York auswandern oder in Wanne-Eickel Kaninchen züchten will – alles möglich. Muss ich niemanden fragen. Was für ein Luxus! Ich sah das Ende der Beziehung mit all ihren Absprachen, Arrangements und Kämpfen plötzlich auch als Symbol für einen Neustart: Ich konnte wieder tun und lassen, was ich will. Jetzt musste ich nur noch herausfinden, was genau das sein könnte: Was *wollte* ich denn mit meinem Leben anfangen? Im Bett liegen und weiter Trübsal blasen war jedenfalls keine Option mehr. Es ist ja so: Wenn eine Tür hinter dir zuschlägt, öffnet sich eine andere. Meine führte direkt nach draußen, in Richtung *Outdoor*. Ist schon witzig: Erst als meine Exfreundin mich an die frische Luft setzte, habe ich noch einmal ganz besonders intensiv gemerkt, wie gut die mir immer wieder tut.
Diese mentale Überlebenstechnik, auch in den schwierigen Momenten meines Lebens zu versuchen, eine andere, vermeintlich positive, mindestens aber pragmatische Perspektive einzunehmen, begleitet mich seither. Das ist mir jetzt erst bewusst geworden. So habe ich zum Beispiel eine Zeitlang als 3-D-Graphiker in einer Firma gearbeitet, die Computerspiele entwickelt. Eines Tages trommelte unser Chef die gesamte

Belegschaft zusammen und verkündete mit trüber Miene, dass das Projekt, an dem ich die letzten Monate sehr intensiv gearbeitet hatte, eingestellt würde. Ich verlor meinen Job. **Bam!** Schon wieder veränderte sich mein Leben von einer Sekunde auf die andere, und zwar erneut ohne mein Zutun. Allerdings hätte das Loch, das sich nun vor mir auftat, nicht mal gereicht, um einen Hamster darin zu begraben. Okay, das sichere Gehalt war Geschichte, und ich machte mir schon ein paar Gedanken, wie es jetzt weitergehen sollte. Zu dieser Zeit hatte ich hin und wieder schon darüber nachgedacht, mich selbständig zu machen. Irgendwann. Ich wusste, das lag mir, ich hatte schließlich insgeheim schon lange damit geliebäugelt, auf eigenen Beinen zu stehen, keinen Nine-to-five-Job mehr zu machen. Bislang hatte ich aber auch gezweifelt: Würde ich denn die Disziplin und die Energie aufbringen, diese Mission mit ganzer Kraft zu verfolgen? War ich gut genug? Doch das war, heute weiß ich das, bloß ein bisschen feige: Nur meine Bequemlichkeit und der Wunsch nach ein wenig Sicherheit hatten mich davon abgehalten, meinen Traum zu verfolgen und mich als Medienproduzent meiner eigenen Outdoor-Erlebnisse selbständig zu machen. Durch den Verlust des Jobs hatte ich nun das Gefühl, dass das Schicksal mir einen Tritt in den Hintern verpassen wollte, damit ich endlich in die Puschen kam. Ich war selbst erstaunt darüber, dass ich am Tag meiner Kündigung eher erleichtert reagierte als besorgt. Kurze Zeit später machte ich mich selbständig, erhielt beinahe zeitgleich ein Angebot für einen freien, aber regelmäßigen Job und spürte schon nach ein paar Wochen: That's it! Das Leben fühlte sich spürbar besser an als vorher. Nicht mehr so safe, okay, aber mit deutlich mehr Schwung. Hätte ich diesen Schritt gewagt, wenn mein fester Job mir nicht um die Ohren geflogen wäre? Ich bezweifle es.

MOTIVATION
WAS DU SEIN KANNST, WENN DU WILLST.
(UND WARUM DER INNERE SCHWEINEHUND
KEINE GESCHÜTZTE TIERART IST.)

So einfach ist es ja leider nicht: Nur weil man erkannt hat, dass man sein Leben ändern und zukünftig Marathon laufen will, die Wüste Gobi durchqueren oder den Himalaya ersteigen möchte, ist man noch kein Extremsportler. Man ist nicht mal ein Sportler. Man ist erst mal nur ein Unzufriedener, der den Ist-Zustand seiner Existenz verändern möchte und zudem maximal verliebt ist in die Idee, sich als Iron Man zu sehen. (Nichts verkehrt daran, es ist ja auch wichtig, seine Ziele zu visualisieren. Darauf komme ich später noch einmal zurück). Bis es so weit ist aber – wenn es denn jemals dazu kommt –, wird man eine Menge leiden müssen. Und mehr noch: Man muss lernen, das Leiden auch ein bisschen zu mögen.

Ein langer Weg, glaubt mir. Man muss sich vorher darüber im Klaren sein, dass Schwierigkeiten auf einen warten, Durststrecken und manchmal auch körperliche Schmerzen. Ganz sicher ist auch, dass der innere Schweinehund sich zu Wort meldet und einem nette Alternativen einflüstert, wenn hartes Training auf dem Plan steht: auf dem Sofa hocken und bei einem netten Film eine Tüte Chips inhalieren zum Beispiel, vor der Konsole ein wenig herumballern oder über Silvester die Wellness-Woche auf Mallorca buchen, statt endlich das Laufcamp auf Lanzarote zu absolvieren. Aber wie gesagt: So läuft das nicht im Outdoor-Geschäft, und so läuft es im Grunde in keinem Bereich des Lebens. Wenn man etwas erreichen will – egal, ob es um eine Outdoor-Tour, Jobprojekte, Leistungen in der Schule oder um sportliche Wettkämpfe geht –, das zentrale Mittel heißt: Motivation. Dumm nur, dass wir Menschen uns damit so schwertun. Ich habe das Elend mal auf einem Kalenderblatt schick zusammengefasst gelesen: «Wer etwas will, findet Wege. Wer etwas nicht will, findet Gründe.»

Horcht mal kurz in euch hinein. Geht's euch nicht ganz genauso? Kein Grund, sich zu schämen: Der innere Schweinehund ist halt bei den meisten von uns groß und mächtig, wir finden Tausende Ausreden, warum wir nicht zum Training gehen, nicht für die Prüfung lernen oder gerade diese Trekkingstrecke garantiert nicht schaffen werden. Und das Fitnessstudio ist entweder zu teuer, zu schmuddelig oder zu voll, das Wetter zu schlecht oder zu gut, das Knie schmerzt ein wenig, und überhaupt: Morgen ist ja auch noch ein Tag.

Die gute Nachricht: Jeder – na gut, fast jeder – kann seinen inneren Schweinehund zu Boden ringen, davon bin ich überzeugt. Allerdings muss das eine intrinsische Motivation sein, sie muss aus einem selbst kommen. Wartet nicht darauf, dass euch ein Freund, Lehrer, Trainer, Chef oder Kollege in den Hintern tritt, sondern seid selbst euer eigener Motivator. Natürlich ist das einfacher gesagt als getan. Auch mir fallen bestimmte Dinge schwerer als andere. Steuer, Buchführung und Ablage gehören zum Beispiel nicht gerade zu meinen Lieblingsbeschäftigungen – so ein Tag mit den Akten ist für mich schlimmer als ein Zirkeltraining mit Gewichten. Aber dann drehe ich die Anlage auf und denke

daran, was ich mir anschließend zur Belohnung gönnen werde: zum Sport gehen, Freunde treffen, ein gutes Essen zubereiten. Da haben wir es wieder: Ziele visualisieren, ganz wichtig. Nicht alles, was zum Ziel führt, macht auch Spaß. Ist ein Naturgesetz, denke ich: Gewisse Sachen müssen einfach erledigt werden, ob sie einem nun gute Laune bereiten oder nicht. Punkt. Sie fallen einem aber leichter, wenn man sich genau vor Augen führt, warum sie sein müssen. Und was einem das Leben als Belohnung dafür zurückgibt. Das gilt im Übrigen auch für meine Trips als Urban Explorer oder Trekker. Auch im Verlaufe dieser einzelnen Abenteuer komme ich immer wieder an – sehr unterschiedlich geartete – Grenzen, die ich überwinden muss.

2015 zum Beispiel. Da war ich im Herbst mit zwei Freunden im Harz unterwegs. Wir hatten uns vorgenommen, den Harzer Hexenstieg in 48 Stunden zu absolvieren. Der Hexenstieg ist ein 97 Kilometer langer Wanderweg, der quer durch den Nationalpark Harz führt. Geht man in dem Tempo, das für den normalen Wanderer empfohlen wird, dürfte man mit sieben Tagesetappen gut dabei sein. In diesem Fall wandert man 13 bis 14 Kilometer am Tag. Wir hatten allerdings eine andere Idee.

Im Nachhinein würde ich sagen: eine ziemlich überhebliche. Wir wollten versuchen, den Hexenstieg in 48 Stunden zu rocken. Man wächst schließlich mit seinen Herausforderungen. Meine Freunde stimmten begeistert zu, wir fanden einen Termin, und los ging's.

Für den ersten Tag hatten wir uns lässige 50 Kilometer vorgenommen. Wobei das Lässige schon nach rund 30 Kilometern anfing, schief zu grinsen. Auf den letzten fünf Kilometern war dann völlig Feierabend: Mein Körper schrie förmlich danach, eine sehr, sehr lange Pause zu machen. Der Impuls, sich einfach fallen zu lassen und nur noch leise zu wimmern, wurde immer stärker.

Erstaunlich war, dass ich dabei keine Muskelschmerzen hatte, auch die Füße glühten im erträglichen Rahmen. Stattdessen überfiel mich eine Art Schüttelfrost. Eigentlich sollte so eine Wanderung ja auch ein Genuss sein, eine Begegnung mit der Natur. Wenn man aber am ganzen Körper vor Erschöpfung zittert wie ein Aal am Elektrozaun, ist der Genuss überschaubar. Ich instruierte mich trotzdem, einfach weiter, immer weiter zu gehen, getreu der einstigen Maxime des Motivationsgiganten Olli Kahn. Konnte ja nicht mehr lange bis zum Ende der Etappe sein. Stoisch hielt ich durch und hoffte, dass es mir am nächsten Morgen besser gehen würde. Meine beiden Wegbegleiter versuchten, mich aufzumuntern. Sie schienen erstaunlich fit und hatten offenbar keinerlei Probleme mit den ersten 50 Kilometern des Hexenstiegs. Hatte ich zu wenig gegessen oder getrunken? Ich bin mir nicht sicher, aber ich vermute im Nachhinein, dass mir zu diesem Zeitpunkt einfach die körperliche Grundfitness fehlte. Mein Körper war es nicht gewohnt, zehn Stunden am Stück mit 15 Kilogramm Gepäck unterwegs zu sein. Eine gute Lehre für die Zukunft: Es ist gut, sich hohe Ziele zu stecken. Es ist aber nicht so gut, körperlich nicht darauf vorbereitet zu sein. Da bleibt der Spaß auf der Strecke, und man verleidet sich und möglicherweise auch seinen Freunden den ganzen Tag. (Auf das Thema Fitness komme ich später noch einmal ausführlich zurück.)

Als ich am nächsten Morgen aufwachte, war ich immer noch ziemlich fertig. Aufgeben kam allerdings nicht in Frage. Der ganze Tag entwickelte

MOTIVATION

sich zu einem zermürbenden Kampf. Mir kam der Film Nur Pferden gibt man den Gnadenschuss in den Sinn, und ich musste trotz aller Qualen grinsen. Er handelt von einem Tanzwettbewerb, den der gewann, der am längsten auf der Tanzfläche verblieb. Nach vielen, vielen Stunden auf dem Parkett staksten schließlich nur noch wenige Unentwegte zur Musik. Sie bewegten sich so quälend langsam und schmerzgeplagt, als probten sie für eine Tanznummer in einem Zombie-Film. Genau so fühlte ich mich. Jeder Schritt schmerzte, vor meinen Augen tanzten imaginäre Wölkchen vor Anstrengung. Spaß machte mir diese Tour schon lange nicht mehr, aber das war mir inzwischen egal. Es ging nur noch darum, nicht aufzugeben und zu hoffen, dass das mit dem Gnadenschuss nur für Pferde auch im Harz galt. Ich wollte mir einfach beweisen, dass ich es schaffen, dass ich über mich selbst hinauswachsen konnte. Innerlich feuerte ich mich immer wieder an: «Los, Junge, du schaffst das!», «Kämpfe», «Nicht aufgeben!» An einer besonders mühsamen Stelle musste ich plötzlich an ein weiteres prominentes Motivationsbeispiel aus der Sportgeschichte denken und lachte laut auf – zum Erstaunen meiner beiden Kollegen, die an diesen beiden Tagen am Hexenstieg hauptsächlich meine verzerrte Leidensmiene ertragen mussten. Ich dachte an den ehemaligen Radprofi Jan Ullrich, der 1997 die Tour de France gewann und den sein Teamkamerad Udo Bölts auf einer mühsamen Etappe in den Vogesen mit einem kernigen «Quäl dich, du Sau!» über den Berg brachte. Der Spruch ist bis heute unvergessen, und ich kann nachvollziehen, dass er damals in den Vogesen gewirkt haben muss. Ich hatte im Harz niemanden dabei, der mich so übel beschimpfte, dass mich mein Wut-Adrenalin über die Strecke schweben ließ, darum musste ich zur Selbsthilfe greifen: Irgendwann kam der Moment, in dem ich mir mit der flachen Hand ins Gesicht schlug. Wenn ich mich daran erinnere, kommt mir das völlig gestört vor, aber es half tatsächlich. Ich fühlte mich schlapp wie nie zuvor, aber ich schleppte mich irgendwie weiter.

Bis ich plötzlich, statt auf die Schmerzen meines Körpers zu achten, daran dachte, wie prima es doch allein schon sei, dass ich so weit gekommen war. Und mit jedem Schritt, den ich hinter mich brachte – das

sagte ich mir immer wieder –, wurde der Weg kürzer. Ich stellte mir vor, wie sich das anfühlen würde, am Ziel anzukommen, was für ein Hochgefühl mich dort wohl durchströmen würde. Ich machte also intuitiv, was ich seit einiger Zeit verinnerlicht hatte: Ich wechselte die Perspektive (Julien Bam, da war er wieder) und visualisierte mein Ziel, meine Wünsche und Erwartungen.

Und plötzlich kippte mein Zustand. Ich bekam einen Schub, den ich mir selbst nicht erklären konnte. Ich fühlte eine Energie in mir, die mich regelrecht nach vorne drückte. Schüttelfrost und Erschöpfung waren plötzlich wie weggeblasen. War ich in den vergangenen vier, fünf Stunden immer nur hinter meinen Freunden gelaufen und hatte die Gruppe aufgehalten, rannte ich den beiden nun förmlich davon. Nach zehn Minuten war ich aus ihrem Blickfeld verschwunden. Zwischenzeitlich begann ich sogar mit leichtem Trab, wie eine ungeduldige Bergziege auf dem Heimweg. Und das alles mit dem schweren Rucksack, nach 90 Kilometern und fast 48 Stunden Wanderung! Da, ein Schild: noch 7 Kilometer

MOTIVATION

bis zum Ziel. Mir kam der Film **300** von Zack Snyder in den Sinn. In dieser Comic-Verfilmung stellt sich König Leonidas von Sparta mit 300 Soldaten den zahlenmäßig weit überlegenen Persern und gibt nicht auf, auch wenn das seinen Untergang bedeutet. **300** ist mein absoluter Lieblingsfilm. Jedes Mal, wenn ich ihn sehe, bekomme ich eine Gänsehaut. Die Handlung ist vielleicht an einigen Stellen etwas unglaubwürdig, aber hey: Es ist Hollywood, was erwartet ihr? Doch viele der Dialoge und die Aussage des Films haben auf mich trotzdem eine unbeschreiblich motivierende Wirkung.

Ich rief mir Szenen aus dem Film ins Gedächtnis, schrie mich innerlich immer wieder an, atmete laut tief ein und aus. Ich **war** nun einer dieser 300 Spartaner, die gegen die mächtige Armee von Xerxes kämpften. Im Nachhinein bin ich ganz froh, dass ich zu dem Zeitpunkt schon so weit vorangestürmt und allein war, denn auf andere hätte es sicher sehr befremdlich, wenn nicht irre, gewirkt, wie ich da einzelne Sätze aus dem Film laut in die Harzer Berge hineinrief: «Genau hier werden wir kämpfen, und genau hier werden sie untergehen!» Oder auch: «Kein Rückzug! Keine Unterwerfung! Nur die Starken, die Unbeugsamen dürfen sich Spartaner nennen.» Es war ein Kampf gegen mich selbst, den ich an diesem Tag führte, gegen meinen Körper, gegen meine innere Stimme (oder die des Schweinehundes, man weiß es nicht), die mir immer wieder sagte: «Ach, lass gut sein, mach mal eine Pause. Du musst doch keinem etwas beweisen.» Ich wollte ja auch keinem etwas beweisen. Nur mir selbst. Ich wollte mir beweisen, dass ich so einen Trip durchziehen kann, gegen alle Widernisse.

Nach einer Weile kam ich an einem weiteren Schild vorbei: noch 1,2 Kilometer bis zum Ziel. Ein Klacks, wenn man bedenkt, welche Strecke wir schon zurückgelegt hatten. Doch dann passierte etwas, das ich wohl nie wieder vergessen werde. Kennst du das Gefühl, wenn dir der Arm oder Fuß einschläft? Dieses leichte, unangenehme Kribbeln, und alles wird taub? Ein solches Kribbeln empfand ich da oben im Harz auf einmal auch. Doch nicht im Bein oder in der Hand, sondern im Nacken. Von dort aus zog es ziemlich schnell über den Hinterkopf bis direkt in meinen Schädel, und mir wurde schwarz vor Augen.

Das war der Moment, in dem ich realisierte: Ich hatte es übertrieben mit der Eigenmotivation und über die spartanischen Weisheiten die Signale meines Körpers überhört. Schnell legte ich mich hin. Ich zitterte am ganzen Körper. Nichts ging mehr. Ich dachte, ich würde nie wieder aufstehen können. Ich brauchte all meine restlichen Kräfte, um nicht das Bewusstsein zu verlieren. 1200 Meter vor dem Ziel. Wir waren zu dem Zeitpunkt laut GPS schon über 100 Kilometer gegangen – und nun, kurz bevor wir es geschafft hatten, sollte alles vorbei sein? Verzweifelt, wütend und erschöpft entschied ich mich, erst mal liegen zu bleiben und auf meine Freunde zu warten. Nach einer Viertelstunde kamen sie – und waren ziemlich sauer, weil ich trotz meines labilen Zustands so weit vorangepprescht war. Sie hatten sich Sorgen gemacht. Ich hätte abstürzen können, tot oder verletzt sein. Im Nachhinein kann ich ihren Ärger verstehen. Es war fahrlässig und unverantwortlich von mir gewesen, diesem überraschenden Energy-Boost nachzugeben und den beiden förmlich davonzurennen. Aber zu dem Zeitpunkt hatte ich – noch unerfahren mit solchen Belastungen – völlig neben mir gestanden.

Wir ruhten uns gemeinsam aus, mein Körper (und mein Kopf!) erholte sich zusehends, und nachdem ich etwas getrunken und der Schüttelfrost nachgelassen hatte, schleppte ich mich weiter, langsam, aber stetig, gemeinsam mit meinen Freunden. Seite an Seite erreichten wir wenig später in völliger Dunkelheit das Ziel.

Diese Tour war eine der krassesten körperlichen Erfahrungen, die ich je erlebt habe. Und obwohl sie auch ganz anders hätte enden können, möchte ich sie nicht missen. Denn seit dieser denkwürdigen Erfahrung kenne ich meinen Körper viel besser. Ich kann seine Signale besser lesen, merke Anzeichen von Erschöpfung oder Flüssigkeitsmangel viel eher und weiß genau, wann ich nur eine Pause brauche und wann tatsächlich endgültig Feierabend ist. Das Wichtigste aber: Ich lernte, dass meistens, wenn ich denke, dass jetzt nichts mehr geht, immer noch etwas Luft nach oben ist. Oder wie es während meiner Bundeswehrzeit einer der Offiziere nach einem anstrengenden Nachtlauf etwas profaner ausdrückte: «Nach dem Kotzen gehen noch zwei Kilometer.» Mittler-

weile kann ich meine Motivation bei anstrengenden Touren ziemlich hoch halten. Wenn mein Kopf aber wirklich einmal sagt: «Jetzt ist Schluss!», dann höre ich auf. Nicht aus Bequemlichkeit oder Übermüdung, sondern weil ich die Signale meines Körpers jetzt verstehe und ernst nehme. In solchen Momenten habe ich auch keinen Verhandlungsspielraum mehr: Andernfalls droht ein Kreislaufzusammenbruch.

RISIKO
WARUM ANGST, FURCHT UND VORSICHT FÜR EINEN ABENTEURER UNERLÄSSLICH SIND. (WENN ER DEN JOB NOCH EIN WENIG LÄNGER MACHEN WILL.)

Es gibt Fragen, die mir immer wieder gestellt werden. Freunde und Bekannte finden ein YouTube-Video von mir, in dem ich durch verlassene Gänge in einer alten Fabrik krieche, oder sehen im Fernsehen in der History-Channel-Dokumentation **Wigald & Fritz**, wie wir durch die Todeszone in Tschernobyl streifen. Schon geht es los: «Warum machst du das, was bringt dir das?», «Was reizt dich bloß immer an solchen Situationen?», «Ist das nicht viel zu gefährlich / anstrengend / verrückt?» Dann schütteln sie mit dem Kopf, zwei, drei Sekunden lang. Niemals würden wir das machen, sagen sie, egal, ob wir nun gerade über einen Tough Mudder, eine Trekkingtour im Harz oder ein Lost-Places-Abenteuer in der Ukraine reden. Manchmal kann ich in diesen Momenten nicht viel mehr tun, als mit den Schultern zu zucken und zu lächeln. Die Antwort lautet: All das gehört zu mir, es ist einfach Teil meiner Persönlichkeit, ein Stück weit auch meines Alltags. In mir steckt offenbar eine Mischung aus Freiheitsdrang, Abenteuerlust, Neugier und dieser Neigung, einer Prise Nervenkitzel nicht aus dem Weg zu gehen.

Wenn ich nachts zum Beispiel auf einem verlassenen Hochhaus stehe und das Leben in der Großstadt beobachte, fühle ich mich frei wie ein Vogel. Ich sehe Leute rennen, damit sie ihren Bus noch bekommen. Andere sitzen bewegungslos wie Kilometersteine an der Haltestelle und warten darauf, dass die Straßenbahn ihr Leben wieder anschiebt. Autofahrer stehen im Stau, hupen, pöbeln sich an. Reinster Großstadtdschungel. Ich stehe derweil da oben auf dem Hochhaus und grinse in mich hinein. Da ist er wieder, der Perspektivenwechsel. Von hier oben kommt einem das, was die Kollegen da unten in der richtigen Welt treiben, sehr merkwürdig und zuweilen auch schon mal ein bisschen albern vor. Hier oben kann ich die Seele baumeln lassen und mich für eine Zeit aus diesem Dschungel ausklinken, Abstand gewinnen. Was für ein Luxus. Ich weiß, das ändert mein Leben nicht nachhaltig, aber es ist jedes Mal aufregend, ein kleines Abenteuer. Nicht bloß das Erlebnis selbst, dort oben zu stehen und diesen speziellen Blick auf die Welt zu genießen. Nein, auch die Unsicherheit vorher gehört dazu: Werde ich es überhaupt schaffen, dort hinaufzugelangen? Welche Hindernisse habe ich zu überwinden? Und ja, das frage ich mich auch: Wird dieses Vorhaben heute nicht auch ein bisschen gefährlich werden?

Dazu möchte ich etwas Grundsätzliches sagen: Ich bin kein Adrena-

lin-Junkie, für den die Gefahr zu einer gelungenen Unternehmung gehört wie ein Fronteinsatz für einen Kriegsreporter. Ich kann auch, ohne vorher Angst gehabt zu haben, nach einem Abenteuer glücklich und zufrieden sein. Alles, was mich interessiert, ist das Abenteuer selbst, das Projekt, die Chance, da draußen verlassen-verwunschene Plätze zu finden, meinen Körper auf langen Märschen oder Läufen mal wieder so richtig zu spüren. Es kommt mir darauf an, so viel wie möglich zu erleben, und nicht, mein Leben aufs Spiel zu setzen.
Gut, klar: Manchmal komme ich in Situationen, da muss ich abwägen. So ein richtiges Abenteuer, das erlebt man in der Regel halt nicht im Stadtpark und auch nicht im Kletterpark. Für ein richtiges Abenteuer muss man manchmal findig sein, ein bisschen mutig, nicht ganz unfit, man muss bereit sein, an seine mentalen und körperlichen Grenzen zu gehen, aber auch, in bestimmten Situationen zu sagen: Nein, bis hierhin und nicht weiter, das riskiere ich jetzt nicht. Mir ist es ganz wichtig, dass

ihr versteht: Es ist das Outdoor-Erlebnis, das zählt, nicht die Gefahr, nicht die Angst, die damit verbunden sein kann. Die Angst kommt dann schon von ganz allein, und das ist auch gut so, denn es sind nicht immer die Furchtlosen, deren Grabsteine zuletzt gemetzelt werden. Mir hat das Zitat von Erich Kästner schon immer gut gefallen: «Wenn einer keine Angst hat, hat er keine Phantasie.» Das glaube ich auch: Man muss sich lebhaft vorstellen, was auf einen zukommen könnte, bevor man sich gewissen Situationen aussetzt. Nur dann ist man gut vorbereitet, nur dann weiß man, was man in brenzligen Momenten zu tun hat. Einfach nur mutig nach vorne zu stürmen ist – in meinen Augen – gar nicht so besonders mutig, sondern leichtsinnig, in extremen Fällen sogar richtig dumm.

Es ist mir auch wichtig, dass ich mich von bestimmten «Abenteurern» abgrenze. Ich bin beispielsweise ganz sicher kein **Base-Jumper**, Brückenspringer, S-Bahn-Surfer oder **Roofer**. Ich mache etwas anderes: **Urban Exploring, Bushcrafting**, Trekkingtouren, **Survival** – ja, das alles kommt hin, so sehe ich mich, damit kann ich mich identifizieren. Aber Roofer z.B. suchen in meinen Augen vor allem den Thrill und das Risiko. Sie klettern nicht auf Fabriken, Hochhäuser oder Baukräne, um von dort oben die Aussicht zu genießen, jedenfalls nicht in erster Linie. Roofern geht es um die Gefahr, darum, das Risiko zu steigern, immer spektakulärere Selfies zu machen. Das mag seinen Reiz haben und ist sicher auch extrem spannend, super gemacht, artistisch – aber eben nicht meins. Diese Extremsportarten haben schon Todesopfer gefordert. Natürlich kenne ich auch die Geschichte des 25-jährigen Briten Gareth Jones, eines in der Szene gut bekannten Base-Jumpers. Kurz nachdem er ein Foto von sich auf Instagram postete, verlor er das Gleichgewicht und stürzte in den Tod. Der Mann ist zwar jetzt Kult, irgendwie, aber so möchte ich auf jeden Fall nicht in Erinnerung bleiben. Der russische Fotograf und Urban Explorer Marat Dupri spricht mir aus der Seele. Er war selbst ein berühmter Bestandteil der Moskauer Roofer-Szene, machte atemberaubende Sachen, saß sogar einmal bei Stefan Raab auf dem **TV-Total**-Sofa, um über seine Stunts zu berichten. Heute will er kein Roofer mehr sein: «Vor sechs Jahren kannten sich in Moskau noch alle Roofer persönlich. Heute sind die Dächer überlaufen, die Jüngeren liefern sich einen gefährlichen Wettstreit um immer halsbrecherischere Selfies. Dabei wollte ich nicht mehr mitmachen.»

«Sag mal, Fritz, hast du denn nicht Angst so ganz alleine nachts im Wald?» Auch das ist eine Frage, die mir immer wieder mal gestellt wird. Das ist interessant, weil offenbar in den Köpfen der Menschen das Leben in der Natur gleichgesetzt wird mit Kontrollverlust und Gefahr. Vermutlich ist es ab 20 Uhr in jeder verlassenen Fußgängerzone einer deutschen Großstadt aber gefährlicher als im Wald. Klar gab es Momente, in denen ich mich gefürchtet habe, gerade bei meinen ersten Touren. Dagegen kann man sich vermutlich auch gar nicht wehren, wenn man – wie ich – mit Märchen groß geworden ist. «Hänsel und Gretel gehen durch den dunklen Wald ...» – wer kennt das nicht? Die Angst vor den damit verbundenen Gefahren ist uns von frühester Kindheit an eingetrichtert worden. Da lauert der böse Wolf oder gleich irgendwelche Monster und Hexen im Wald. Wer Herr der Ringe kennt oder Game of Thrones, weiß Bescheid: Da springen einem die fiesesten Gestalten auch immer aus dem dichten Wald ins Gesicht.

Rational betrachtet, ist diese Angst natürlich unbegründet. Die Wahrscheinlichkeit, im Wald einem Kettensägenmörder zu begegnen, dürfte relativ gering sein. Aber natürlich habe ich trotzdem manchmal ein ungutes Gefühl in bestimmten Situationen. Und sei es nur, dass ich vor Schreck zusammenzucke, wenn ich im Dunkel des Waldes von einem Eichhörnchen aufgeschreckt werde. Oder wenn ich durch eine düstere, verlassene Fabrik laufe und plötzlich eine Katze durch die Räume schleicht.

Natürlich macht es auch einen Unterschied, ob man mit einem Zelt und drei Freunden zusammen im Garten oder auf einem Zeltplatz campt oder ob man versucht, mutterseelenallein nachts im Wald in den Schlaf zu finden, nur von einer dünnen Plane bedeckt. Jedes Geräusch, jedes Rascheln der Blätter oder Knacken der Zweige lässt einen erst einmal zusammenzucken. Bis man merkt: War ja nur der Wind, ein Vogel oder ein harmloses Reh.

Ich würde jedem raten, der sich mit dem Gedanken trägt, selbst mit dem

Outdoor-Sport zu beginnen: Erst mal klein anfangen. Erst mal ans ungewohnte Gelände gewöhnen. Und erst mal schauen, ob das da draußen wirklich dein Ding ist, bevor du dich gleich an extreme Unternehmungen wagst. Mit Freunden eine Wanderung unternehmen, unter freiem Himmel grillen, im Schlafsack unter dem Sternenzelt schlafen (oder unter Regenwolken ...) – das reicht durchaus für einen ersten Eindruck. Wenn man seine Projekte danach langsam steigert, hat man auf jeden Fall mehr davon.

Übrigens: Wer beim ersten Mal im Wald, auf der Tough-Mudder-Strecke oder auf dem Hochhaus nicht nur aus seiner Komfortzone rauskommt, sondern sich dabei ziemlich unkomfortabel fühlt, muss nicht gleich für alle Ewigkeit auf dem Sofa hocken bleiben. Nicht immer ist nach dem ersten Eindruck schon das letzte Wort gesprochen. Auch ich musste mich am Anfang meiner Outdoor-Karriere erst mal mit einem ganz bestimmten Problem auseinandersetzen – und wenn ich das nicht gelöst hätte, wäre das Leben, das ich im Moment führe und das mir unglaublich großen Spaß macht, nicht möglich. Neben der Angst vor Tieren oder Menschen, die einem Böses wollen, hatte ich bis vor einiger Zeit mit einer wesentlich realeren Furcht zu kämpfen: Ich litt unter extremer Höhenangst. Früher wagte ich mich bei Familienausflügen noch nicht einmal auf die Aussichtsplattform der Bundesgartenschau. Schon der Blick aus dem Fenster des ersten Stocks ließ irgendwas in meinem Magen rotieren wie eine Flipperkugel. Nicht gerade hilfreich, wenn man klettern gehen oder in den Bergen wandern will.

Irgendwann begann ich, mich für Geocaching zu interessieren. Wer das nicht kennt: Es ist eine moderne Form der Schnitzeljagd, bei der man mit Hilfe von GPS-Daten Schätze, sogenannte Caches, finden soll. An ein Erlebnis aus dieser Zeit erinnere ich mich gut: Ich war mit Freunden in eine verlassene Industriehalle gekommen, wo man einen Geocaching-Parcours installiert hatte. Da es bei dem Parcours eher um Technik ging und man nicht klettern musste, hatte ich keine Probleme – bis es hieß, der nächste Hinweis sei unter der Hallendecke zu finden. Der Weg dorthin führte über Leitern und Gitterböden in 15 Metern Höhe. Das war eine echte Herausforderung für mich, keine Frage. Ich nahm all meinen Mut zusammen und sagte mir immer wieder mantraartig, dass ja alles mit einem Geländer abgesichert sei. Mir konnte nichts passieren. Ängste aber lassen sich von rationalen Argumenten selten besänftigen. Es spielte keine Rolle, dass ich wusste, dass nichts passieren kann. Es fühlte sich trotzdem gefährlich an.

Irgendwie raffte ich mich auf und kletterte nach oben. Als ich es unter die Hallendecke geschafft hatte, zitterte ich am ganzen Körper. Genau in diesem Moment entdeckte ich die nächste Station auf dem Weg zum Cache. Es war einer dieser QR-Codes, die man mit einer passenden App am Handy entschlüsseln konnte. Ich öffnete die App und versuchte den Code zu scannen. Dabei zitterte ich so stark, dass ich mit dem Handy in der Hand wirken musste wie ein Wassersucher mit einer Wünschelrute in der Wüste. Es war wahrscheinlicher, dass ich mit dem Handy ein Loch in die Hallendecke schlagen, als dass ich es schaffen würde, diesen Code zu scannen. Doch während ich da oben herumtaumelte, wusste ich trotzdem: «Du bleibst! Bevor du das nicht geschafft hast, gehst du hier nicht wieder runter. Und wenn es bis morgen früh dauert.» Ich kann stur sein, wenn ich mir ein Ziel gesetzt habe. Also verharrte ich einige Minuten regungslos, atmete tief durch und gewöhnte mich langsam an die Höhe. Und plötzlich wurde meine Angst nach und nach durch ganz andere Gefühle ersetzt. Stolz, Genugtuung, ja sogar Genuss. Es war doch cool hier oben! Als ich einige Minuten später erneut versuchte, funktionierte es zitterfrei, ich konnte den Code einscannen. Wo war das Problem? Eine Wahnsinnserfahrung!

Das war die Initialzündung für mich: Stück für Stück wagte ich mich von nun an auch in größere Höhen, zuletzt sogar auf Häuserdächer ohne Geländer. Jedes Mal ließ ich mir dabei genug Zeit, um mich an die Höhe zu gewöhnen, und tastete mich Schritt für Schritt voran. Und heute? Inzwischen habe ich zahlreiche Brücken bestiegen, bin auf Hochhausdächer und an Schornsteinen entlanggeklettert und habe so manche Felswand in den Alpen bezwungen. Vor nicht allzu langer Zeit hätte ich das nie für möglich gehalten. Aber da wusste ich ja auch noch nicht, was es wirklich heißt, seine eigenen Grenzen auszutesten und wenn möglich zu erweitern. Genauso wenig wie ich wusste, was es mit diesem Spruch auf sich hat: «Mut ist nicht die Abwesenheit von Angst, sondern vielmehr die Erkenntnis, dass etwas anderes wichtiger ist als die Angst.»

Aber nicht, dass ihr mich missversteht: Ich war bei all diesen Aktionen abgesichert, ich bin ja – wie gesagt – kein Adrenalin-Junkie. Die Höhenangst kann man auch besiegen, ohne sein Leben in Gefahr zu bringen.

FITNESS

MOTIVATION IST GUT. EIN AUSTRAINIERTER KÖRPER AUCH NICHT SCHLECHT. BEIDES ZUSAMMEN: EIN TRAUM. (WARUM ES WICHTIG IST, SEINEN KÖRPER AUF ABENTEUER VORZUBEREITEN.)

Ihr erinnert euch an meine Trekkingtour im Harz über den Hexenstieg? Fast 100 Kilometer Strecke, die ich und zwei meiner Freunde in zwei

Tagen schaffen wollten. Ihr wisst ja, wie es ausgegangen ist: Ich war in den Tagen vorher nicht krank, ich trank auf dem Weg genug, ich war Mitte zwanzig, also im besten Alter für jede Form körperlicher Betätigung. Und trotzdem habe ich schlappgemacht. Anders als meine beiden Begleiter. Warum? Es lag an meiner Grundfitness. Mein Körper war nicht austrainiert, er wusste nicht, wie er mit dieser ungewohnten Langzeit-Anstrengung umgehen sollte. Also entschied er sich, ab einem bestimmten Zeitpunkt lieber keine weiteren Energien mehr zur Verfügung zu stellen und sich zu schütteln. Am Ende war ich nahe am Kreislaufzusammenbruch. Das passiert, wenn man sich nicht auf seine Projekte vorbereitet.

Ich habe die Erfahrung gemacht, dass sich manche Leute für sportlich und für alle Aktivitäten gewappnet halten, bei denen das – realistisch überprüft – nicht wirklich der Fall ist. Es spielt nämlich für eine allgemeine Grundfitness gar keine so große Rolle, ob man nun in der einen oder anderen sportlichen Disziplin besonders gut ist, vielleicht sogar ein Spitzensportler. Wer dreimal im Jahr locker einen Distanz-Schwimmkampf im offenen Meer bewältigt, kann trotzdem nach 50 Kilometern auf dem Fahrrad so saure Beine haben, dass er vom Bike absteigen muss – ganz zu schweigen von den Schwielen am Hintern, die ein untrainierter Po ganz sicher auf den ersten Etappen entwickeln wird. Und eine Vergangenheit als aktiver Fußballer qualifiziert einen ganz sicher nicht, eine Trekkingtour in den Bergen über 50 Kilometer durchzustehen oder sich bei einer Urban-Exploring-Unternehmung an Hausmauern hochzuziehen – egal, auf welchem Niveau man den Ballsport betrieben hat.

Ich empfehle Leuten, die nach den effektivsten Möglichkeiten fragen, um sich fürs Outdoor-Abenteuer fit zu machen, immer Folgendes: Schaut euch genau an, was auf euch zukommt, sprecht mit Leuten, die das schon einmal erlebt haben, und trainiert ganz spezifisch für die Anforderungen, die euch erwarten. Mir persönlich kommt dieses Unregelmäßige entgegen. Ich gehöre nicht zu den Menschen, die immer nur auf *eine* Disziplin trainieren wollen. Das langweilt mich. Outdoor gibt es so viel zu entdecken, so viele Möglichkeiten – ich möchte das Maximum an

Abwechslung. So trainiere ich auch. Manchmal besuche ich eine Kletterhalle, dann wieder bin ich wochenlang im Gym, ich laufe, schwimme, fahre Rad. Und mache vor einem Wettkampf oder einer Tour ein bisschen mehr von dem, was dort von mir verlangt wird.

Beim Thema «körperliche Fitness» fällt mir eine Situation ein, die ich vor einigen Jahren erlebt habe. Ich würde mich durchaus als einigermaßen sportlich bezeichnen, ohne anzugeben. Zwar habe ich nicht mein ganzes Leben kontinuierlich trainiert, es gab da schon auch kürzere Phasen, in denen ich nur vor dem Computer gehockt und die Füße abendfüllend auf den Tisch gelegt habe. Mal ganz abgesehen von dem ungesunden Zeug, das man manchmal in sich hineinschaufelt. Beim Essen auf gesunde Nahrungsmittel zu achten gehörte nicht immer zu meinen Prioritäten, heute ist das glücklicherweise anders. In einer dieser eher unsportlichen Phasen aber begab es sich, dass ein Freund und ich mitten im bitterkalten Winter auf einer Urban-Exploring-Tour auf einem verlassenen Bahngelände herumstreunten. Dort wurden damals Züge abgestellt und repariert. In der Mitte des Geländes stand eine ziemlich enigmatisch anmutende Vorrichtung, mir war nicht gleich klar, wozu man das brauchte, es war offenbar eine ehemalige Anlage zur Wasserverarbeitung. Solch ein Trumm reizt mich immer, allein schon wegen seiner Monumentalität. Also versuchte ich sofort, dort hinaufzuklettern, der übliche Reflex. Der Vorsprung war vielleicht 2,50 Meter hoch. Ohne Probleme erreichte ich mit meinen Händen die Kante. Unter normalen Umständen hätte das ab diesem Moment keine Sekunde mehr gedauert, und ich wäre oben gewesen. Eine Mischung aus Technik und dosiert eingesetzter Kraft – bingo! Diesmal aber schoben sich ganze Puddingschichten durch meine Oberarme, ich fühlte mich so steif und ungelenk wie ein Betonpoller vor dem Weihnachtsmarkt. Es klappte am Ende, irgendwie wuchtete ich mich mühsam an dem Vorsprung hoch, musste mich aber zusätzlich mit Ellenbogen und Knie abstützen. Dabei riss ich mir die Hälfte meiner Klamotten auf und kam völlig aus der Puste. Oben angekommen, dauerte es eine Weile, bis sich so langsam wieder ein Ruhepuls einstellte. Mein Begleiter musterte mich mit einem ungläubigen Blick, in dem sich

Erheiterung und Sorge um die Vorherrschaft balgten. Kein Zweifel, das war demütigend. Was für eine Art Explorer wollte ich denn sein? In dieser Verfassung hätte ich bei den Bundesjugendspielen nicht mal einen Trostpreis gewonnen.

Einen guten Aspekt hatte diese peinliche Episode aber immerhin: Die Alarmsignale meines Körpers waren jetzt nicht mehr zu überhören. Ich musste etwas tun. Noch am gleichen Abend erstellte ich mir einen detaillierten Trainingsplan. Von nun an wollte ich mindestens drei Mal in der Woche trainieren. Ich wusste: Es muss nicht immer gleich ein Besuch im Fitnessstudio sein. Wenn die Zeit knapp ist, reicht auch eine Einheit in den eigenen vier Wänden: Liegestütze, Kniebeuge und diverse andere

Grundübungen kann man auch ohne Geräte machen. Wenn dann noch ein mäßig frequentierter Spielplatz in der Nähe ist, sind auch Legionen von Klimmzügen kein Problem. Theoretisch.

Das nächste Problem ist ja dieser hundsgemeine innere Schweinehund, der einem immer erzählen will, wie überflüssig so eine harte Trainingseinheit sei. Wenn ich merke, dass er mich wieder volltexten will, versuche ich einfach, ihn zu übertönen. Und womit ginge das besser als mit Musik? Wenn ich mir die iPod-Kopfhörer auf die Ohren stecke und die Musik laut aufdrehe, fällt mir jede körperliche Anstrengung auf der Stelle leichter. Oft stelle ich mir für eine Laufstrecke oder eine Fahrt auf dem Mountainbike vorher eine Playlist zusammen. Zur Anregung: Diese Stücke habe ich neulich gehört, als ich eine Stunde durch den Park gejoggt bin – in ganz feinem Tempo:

1. **Survivor – Eye Of The Tiger (04:10)**
2. **Rob Bailey and The Hustle Standard – Hold Strong (04:07)**
3. **Rob Bailey and The Hustle Standard – Hungry (04:26)**
4. **Roy Jones – Can't be touched (03:39)**
5. **Disturbed – Ten Thousand Fist (03:52)**
6. **Kontra K – Kampfgeist 2 (03:58)**
7. **Kontra K – Wo sie scheitern (03:41)**
8. **Moby – Bring Sally Up (03:26)**
9. **Bodies – Drowning Pool (03:39)**
10. **System Of A Down – Chop Suey! (03:26)**
11. **Nirvana – Smells Like Teen Spirit (04:37)**
12. **Rise Against – Savior (04:02)**
13. **Lenny Kravitz – Are You Gonna Go My Way (03:31)**
14. **Linkin Park – In The End (03:37)**
15. **Papa Roach – Last Resort (03:20)**
16. **AC / DC – T.N.T. (03:34)**
    Gesamt: 01:01:05

Probiert's mal aus!

FITNESS

Das Fatale an dieser ganzen Sportsache ist nun aber, dass der Grat zwischen «Ich hab heute mal keine Lust» und «Ich trainiere, bis der Arzt kommt» so schmal ist. Sich zwischen zu wenig und zu viel Training aufzureiben kommt bei Sportlern gar nicht so selten vor.
In diesem Zusammenhang noch ein paar Bemerkungen zu meiner sportlichen Vergangenheit. Das ist ganz hilfreich, damit jeder von euch einschätzen kann, wo er im Vergleich mit mir steht – gerade wenn ihr selbst darüber nachdenkt, im Outdoor-Geschehen anzugreifen. Ich war schon immer einigermaßen sportlich. Kein Spitzenathlet, aber immer begeistert und vor allem an vielen Fronten aktiv. Das reflektiert auch meine sportliche Karriere heute ein wenig, ich hatte es ja schon angedeutet: Ich trainiere gern und oft, aber es langweilt mich total, wenn es immer wieder nur die gleichen Sachen, dieselbe Disziplin ist. Ich liebe und brauche die Abwechslung, und das ist auch gut so, denn es hilft, so viele verschiedene Disziplinen mit unterschiedlichen Anforderungen an den Körper zu bewältigen, wie ich das momentan mache.
Als Kind habe ich Fußball und Volleyball im Verein gespielt, ich war im Kanu-Club und ab 18 Jahren auch Mitglied in einem Fitnessstudio. Mit dem Joggen habe ich erst begonnen, als ich für meinen ersten Tough Mudder trainiert habe. Ich weiß noch, dass ich damals nach drei, dreieinhalb Kilometern völlig platt in den Seilen hing. Mit dem Laufen verbindet mich auch heute noch eine Hassliebe. Eigentlich mag ich es gar nicht, mich über einen längeren Zeitpunkt immer gleichbleibend zu belasten, mir liegt eher das intensive Intervall-Training im Gym, wo man an den unterschiedlichen Stationen kurze, aber intensive Einheiten abspult. **Bam. Bam. Bam.** Pause. Das mag ich, und dabei kann ich mich auch gut quälen. Das ist prinzipiell auch prima, weil Kampfgeist und Willenskraft zum Sport dazugehören, im Kapitel über die Motivation ist das ja schon zur Sprache gekommen. Andererseits ist zu viel Lust an der Quälerei kontraproduktiv. «Viel hilft viel» ist gar nicht immer richtig. Das gilt für Anfänger ebenso wie für austrainierte Spitzensportler. Ich rate jedem, der mit einem Sport beginnt, eher langsam einzusteigen. Setzt euch ein Ziel, integriert es in euer Leben, investiert zwei-, dreimal in der Woche

Zeit dafür. Akzeptiert, dass die Schritte klein sind und dass nur nachhaltiges Training euch wirklich auf Dauer weiterbringt und euren Körper verändert.

Falls jetzt einige von euch im Hintergrund ein spöttisches Kichern gehört haben, begleitet von dem Satz: «Das sagt der Richtige!», muss ich gestehen: Das bildet ihr euch nicht ein. Das war vermutlich mein **Bullshit Detector**, der mir immer, wenn ich etwas besonders Albernes oder Unpassendes sage, in die Parade fährt. Es ist so: Ich habe mir im letzten Sommer ein Fahrrad gekauft. Zum einen, weil ich den Triathlon für mich entdeckt habe, diesen anstrengenden Wettbewerb aus Schwimmen, Radfahren und Laufen. Zum andern aber auch, weil ich die Geschwindigkeit mag und auf dem Rad in sehr viel kürzerer Zeit sehr viel mehr Erlebnisse haben, Eindrücke aufnehmen kann. Abwechslung ist mein Ding, ich glaube, ich hatte das schon erwähnt. Jedenfalls hatte ich mit diesem Fahrrad auf meiner zweiten oder dritten Tour gleich eine größere Ausfahrt mit einem Freund geplant. 100 Kilometer! Das allein war schon nicht unambitioniert, doch wir fühlten uns fit, das Fahren machte Spaß, wir flogen nur so dahin an der Magdeburger Peripherie. Nach 120 Kilometern stieg mein Kumpel ab, noch einigermaßen munter, aber auch froh, das Pensum geschafft zu haben. Ich hingegen fühlte mich weiterhin prima und körperlich noch nicht ganz ausgelastet. Der Sportler nennt so ein Gefühl «im Tunnel» oder «im Flow» sein. Egal, worin ich jetzt genau steckte, ich stieg jedenfalls im Gegensatz zu meinem Kumpel nicht ab, sondern trat weiter in die Pedale wie ein Duracell-Häschen. Irgendwann passierte ich die 150-Kilometer-Grenze, immer noch in einem guten Zustand, wie ich fand. Und weil es so gut lief, blitzte plötzlich dieser Gedanke auf, ich könne doch jetzt auch gleich die 200 Kilometer angreifen. Man muss sich diesen Impuls vorstellen wie die Idee, auf einer Harley innerhalb einer geschlossenen Ortschaft in den sechsten Gang zu schalten oder am Vorabend der eigenen Hochzeit eine Strip Bar zu besuchen: ziemlich verführerisch, aber auch extrem unvernünftig.

Nun. Ich hielt durch, schaffte die 200 Kilometer, stieg vom Rad – und fiel beinahe augenblicklich in einen Zustand, der sich am ehesten mit zom-

FITNESS

bieesker Ohnmacht beschreiben lässt. Ich wankte die Treppen hoch zu meiner Wohnung, es war etwa 17 Uhr, registrierte, dass sich der Schüttelfrost einstellte, den ich schon vom Harzer Hexenstieg kannte, und schlief ein. Bis weit in den nächsten Tag hinein schlief ich, und das, was sich mein Körper nennt, fühlte sich in den nächsten Tagen an wie eine zerbombte Ruine, von der nur noch die Außenmauern standen. Okay, auch die Lektion habe ich gelernt. Und ich rate niemandem, solche Aktionen allzu oft zu wiederholen.

Wer seinem Körper über einen langen Zeitraum zu viel Leistung und, ja, auch zu viel intensives Training abverlangt, wird ihn nach und nach ausbrennen wie einen alten Schuppen. Deine fleischliche Hülle braucht hin und wieder mal Erholung. Nicht einmal Hochleistungssportler sind in der Lage, jeden Tag auf höchstem Level zu performen. Gut deutlich wird das an einer Entwicklung, die seit Jahren im internationalen Fußball zu beobachten ist. Ich bin kein Fußballfan, aber das finde ich beachtlich: Jedes Jahr qualifizieren sich einige Mannschaften für europäische Wettbewerbe, die meistens mitten in der Woche ausgetragen werden, parallel zu den nationalen Meisterschaften im eigenen Land am Wochenende. Und obwohl man denken sollte, dass die austrainierten und hoch bezahlten Fußballprofis zwei bis drei Spiele in der Woche locker wegstecken sollten, ist das nicht der Fall: Mannschaften mit internationaler Mehrfachbelastung verlieren nach Spielen mitten in der Woche deutlich häufiger auf nationaler Ebene. Heißt: In der Spitze sind die körperlichen Belastungen so intensiv, dass selbst Trainingsmaschinen auf zwei Beinen nicht schnell genug regenerieren können. Das lässt sich im Prinzip auf alle Sportarten übertragen, auch auf jene, die ich ausübe. Wer zu viel trainiert, um in Bestform zu kommen, richtet mehr Schaden als Nutzen an: Gut gemeint ist nicht immer auch gut gemacht. Es kommt, wie so oft, auf die Balance an.

Und nein: Nicht alles, was für einen anderen Sportler gut ist, muss auch für dich gut sein. Wenn der Trainingspartner dreimal in Höchstgeschwindigkeit um den See rennen kann, ohne körpersprachlich an seine Grenzen zu gelangen, dann mag das für ihn in Ordnung sein. Vielleicht steckt er das ja wirklich locker weg. Für dich muss das aber noch lange nicht gelten. Dein persönliches Pensum richtet sich – in diesem konkreten Fall – nach deinem generellen Ausdauerzustand, nach deiner muskulären Verfassung, nach deinem Alter und deiner körperlichen Physiognomie. Bist du schwerer, älter oder hast erst vor drei Wochen eine schwere Verletzung überwunden, wäre es geradezu fahrlässig, das Tempo deines Trainingspartners mitgehen zu wollen. Selbst wenn du es schaffst, wird dein Körper dir das für diese Quälerei in den nächsten Wochen heimzahlen: mit allgemeiner Mattheit, mit mentaler Blockade und, wenn du Pech hast, auch noch mit allerlei nervigen Verletzungen. Jeder Mensch ist eben anders, und seine körperlichen und mentalen Grundbedingungen sind es auch.

FITNESS

Mich hat in diesem Zusammenhang ziemlich beeindruckt, was der bekannte Adventure Racer Mikael Lindnord einmal über seine Lust an der Qual geschrieben hat. Wer nicht weiß, was das ist: Beim Adventure Racing macht man alles Mögliche: Laufen, Mountainbiking, Kajaking. Teams, bestehend aus drei Männern und einer Frau, kämpfen in diesen Disziplinen mehrere Tage hintereinander gegeneinander und legen dabei Hunderte von Kilometern zurück. Das größte Problem bei solchen Wettbewerben: Schlafmangel. Mikael Lindnord ist der Kapitän der schwedischen Adventure-Racing-Mannschaft. Und er hat das Buch Arthur – der Hund, der den Dschungel durchquerte, um ein Zuhause zu finden geschrieben, eine rührende Geschichte darüber, wie ihm auf einem Adventure Race im Dschungel Ecuadors ein zotteliger und verletzter Hund zuläuft. Er nennt ihn Arthur und bringt ihn nach Schweden, was mit allerlei Problemen verbunden ist. Für Outdoor-Fans aber sicher noch interessanter ist die zweite Ebene des Buches, in der Lindnord fesselnd erzählt, was für eine qualvolle Herausforderung so ein Adventure Race im Dschungel sein kann. Lindnord schreibt auch über seine persönliche Komfortzone, was mich allein wegen dieses Begriffs aus verständlichen Gründen elektrisierte: «Für einige kann ein Marathonlauf die Belastungsgrenze sein, aber für uns ist ein Marathonlauf nur ein Tag von sieben Tagen.» Er sagt, dass er schon extreme Dinge tun muss, um aus seiner Komfortzone zu kommen: vier Tage durch Costa Rica zu rennen und dabei nur eine Stunde zu schlafen. Ein siebentägiges Rennen durchstehen, obwohl ihm ein Stück der rechten Ferse fehlt. Ein Rennen über sechs Tage mit schwarz gefrorenen Zehen zu meistern ... und zu gewinnen!
Ich ziehe aus Lindnords Einlassungen zwei Botschaften für mich: Geh an deine Grenzen, aber sei nicht sauer, wenn sie noch diesseits der Markierungen liegen, die dein Ziel waren – deine natürliche Komfortzone ist halt ausgeschöpft. Und: Reiß dir im Training den Allerwertesten auf, damit dein Körper beim nächsten Mal erst zu einem späteren Zeitpunkt aufjault – oder im besten Fall gar nicht mehr.

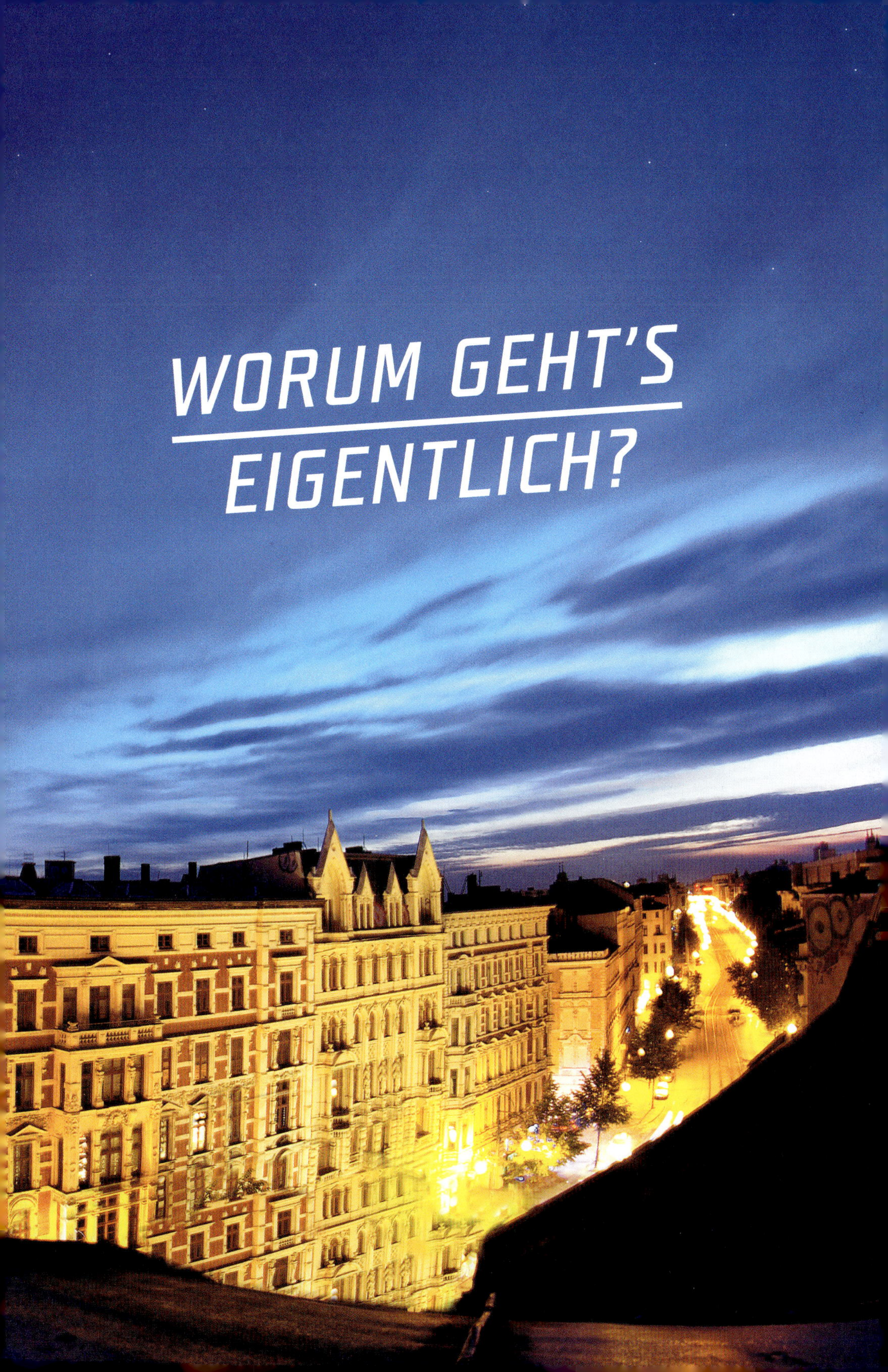

WORUM GEHT'S EIGENTLICH?

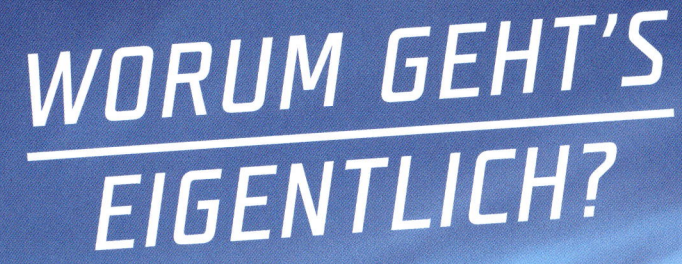

«Der Preis des Erfolgs ist Hingabe, harte Arbeit
und unablässiger Einsatz, für das,
was man erreichen will.»

Frank Lloyd Wright

EINE KLEINE VORBEMERKUNG: WAS MACHE ICH DA EIGENTLICH GENAU?

Okay, um kurz durchzuschnaufen: Warum ich als Outdoor-Allrounder fit sein muss und wie ich das am besten bewerkstellige, dürfte jetzt schon klarer sein. Wie wichtig eine entsprechende Motivation für das Verlassen der eigenen Komfortzone ist, ebenfalls. Ihr wisst jetzt, dass es hin und wieder auch notwendig ist, nein zu sagen: Wenn das Risiko für Leib und Leben zu groß ist, sollte man aussteigen – damit habe auch ich schon lange kein Problem mehr. Falsch verstandener Heldenmut macht einen nicht härter, sondern bringt einen um (seinen Spaß) – wenn man Pech hat. Im letzten Kapitel sind auch immer wieder Begriffe gefallen, die möglicherweise nicht jedem etwas sagen und die ich jetzt einmal ein wenig detaillierter erklären möchte. Im Laufe dieses Buches wird es schließlich immer wieder um diese unterschiedlichen Bereiche gehen: **Bushcraft, Survival, Trekking** und vor allem: **Urban Exploring**. Zwischen diesen Disziplinen gibt es einige Gemeinsamkeiten, aber auch viele Unterschiede. Das fängt bei der Motivation an, die dahintersteckt, manche sind mehr physisch orientiert, bei anderen steht das mentale und emotionale Erlebnis im Vordergrund. Auch die passende Ausrüstung für die unterschiedlichen Outdoor-Bereiche ist wichtig – **one size fits all** trifft hier leider nicht zu.

Bevor ich aber auf die Details zu sprechen komme, möchte ich an dieser Stelle mein persönliches Mantra zur Sprache bringen, das ich für alle Outdoor-Aktivitäten beherzige, ganz gleich, ob ich mich im Wald, auf

WORUM GEHT'S EIGENTLICH?

dem Hochhaus oder in einer verlassenen Stadt bewege. Es sollte eigentlich selbstverständlich sein, doch es wird immer noch viel zu oft ignoriert. Es ist sozusagen mein **Mission Statement**, und ich würde all denen raten, die selbst Outdoor-Projekte planen, sich über diesen Ehrenkodex ein paar Gedanken zu machen – und sich im besten Fall anzuschließen. Das hilft, unseren Sport nicht in Verruf zu bringen:

> Take nothing but pictures, leave nothing but footprints.
> (Nimm nichts mit außer Erinnerungen, hinterlasse nichts bis auf deine Fußspuren.)

URBAN EXPLORING
EINSAM UND ALLEIN, ABER TROTZDEM NICHT IN DER NATUR: VON DEM MELANCHOLISCHEN GLÜCKSGEFÜHL, DIE VERLASSENEN ORTE DER VERGANGENHEIT AUFZUSPÜREN.

Übersetzt man den Begriff **Urban Exploring**, steht da ein schlichtes: Stadterkundung. Hört sich so interessant an wie eine Busreise in den Harz, womit ich niemandem zwischen Clausthal-Zellerfeld und Braunlage zu nahe treten will. Aber ihr versteht schon, was ich meine: **Stadterkundung** klingt erst einmal nach einer langweiligen Volkshochschul-Sause und nicht unbedingt nach der spannenden Passion von immer mehr Leuten wie mir. Natürlich handelt es dabei auch nicht um ordinäres Sightseeing am Stadtrand oder um gebremstes Bummeln in irgendeiner gesichtslosen Fußgängerzone.

Wer Urban Exploring betreibt, oft auch **Urbex** abgekürzt, der sucht verlassene Gebäude: leerstehende Fabriken, verfallene Resthöfe, Bunker, Kraftwerke, Kühltürme, Kasernen, alte Krankenhäuser, Katakomben,

Kanalisationen, Bergwerke, Schlösser, Burgen, Villen – oder in seltenen Fällen auch schon einmal ganze Dörfer.

In dieser Hinsicht sind solche Lost Places etwa in Leipzig (im Dokumentarfilm Geschichten hinter vergessenen Mauern – Lost Places in Leipzig des Fotografen und Malers Enno Seifried kommen eine Menge sogenannte Ruinen-Romantiker ins Bild und zu Wort, die auf der Suche nach kleinen Abenteuern im sonst zu Tode erschlossenen Stadtraum sind) oder die Städte innerhalb der Todeszone Tschernobyls natürlich ein besonderer Glücksfall. Wenn man das im Zusammenhang mit einer atomaren Katastrophe überhaupt sagen kann. Hier wurde ja eine ganze Region blitzschnell verlassen – und die materiellen Zeugen langjähriger Zivilisation blieben, sich selbst überlassen, achtlos zurück. Eine Tragödie für die betroffenen Menschen, ein Traum für Urban Explorer 30 Jahre später – wenn auch, wie ich zugeben muss, ein melancholischer, ein wenig morbider Traum. Viele Menschen können die Faszination solcher Orte – zumindest, solange sie sie nicht selbst einmal erlebt haben – nicht nachvollziehen. Für mich aber verströmen sie eine ganz besondere Aura. Wenn ich an so einem Ort bin, fühle ich mich für ein paar Stunden außerhalb der konventionellen Strukturen, die mein Leben in der Regel einrahmen, wie in einer Parallelwelt, in der ich komplett abschalten kann. Claudia Klinger hat das in ihrem Blog-Eintrag «Vom Charme unaufgeräumter Orte» einmal sehr schön in Worte gefasst: «Die Verwilderung, die eintritt, wenn der Mensch mit so mancher Räumlichkeit nichts mehr anzufangen weiß, befreit den Geist und entspannt das Gemüt.»

Das empfinde ich genauso: Im Schutz der Dunkelheit in die Unterwelt einer Stadt abzutauchen oder ein leerstehendes Hochhaus, eine alte Fabrik im Ruhrgebiet zu erforschen ist ein unbeschreibliches Gefühl für mich. Eine Mischung aus Freiheit, Abenteuerlust, Neugier und Nervenkitzel. Manchmal überkommt mich auch Wehmut. Wenn ich in einer frei stehenden, ehemals luxuriösen Villa plötzlich auf Unterlagen der ehemaligen Bewohner stoße, die ihre Nachkommen achtlos zurückgelassen haben, Fotoalben sogar, in denen das Leben ehemals glücklicher Menschen im Zeitraffer zu verfolgen ist. Solche Erlebnisse werfen mich einen Moment aus der Bahn, stimmen mich traurig: So ist das Leben, ein kurzer Wimpernschlag, ein bisschen Glück, vorbei. Und nicht mal die nächste Generation deiner eigenen Familie interessiert sich noch für dich und deine akribisch archivierten Erinnerungen.

Manche Orte ziehen mich so stark in ihren Bann, dass ich jeden Winkel erkunden will. Felix Stephan schrieb 2012 in der Süddeutschen Zeitung über Urban Exploring, dass ihn allein die Namen an «eine andere, ferne Zeit» erinnerten, «eine Zeit, in der die Leute noch Pepita-Hüte trugen, in der das Wirtschaftswunder brummte und Deutschland geteilt war: Drahtwalzwerk Ruhrort, Kokerei Prosper, U-Bootsbunker Elbe II, Raketenbasis Psydna».

Meine eigene erste Erfahrung mit Urban Exploring habe ich gemacht, da kannte ich den Begriff noch gar nicht. Ich war in der 4. Klasse, viel-

leicht zehn Jahre alt und neugierig, sehr neugierig. Ganz in der Nähe meines Elternhauses lag eine verlassene Kaserne der russischen Armee. Natürlich war es uns streng verboten, das Gelände zu betreten, aber das machte es für mich noch viel reizvoller. Ich erinnere mich noch gut daran, wie ich mit klopfendem Herzen durch die Hallen schlich. Es war gruselig und großartig zugleich, es regte meine Phantasie an. Schon beim Anblick einer Kellertreppe machte ich mir beinahe in die Hose. Nie, wirklich niemals wäre ich freiwillig dort hinuntergegangen. Genauso wenig übrigens wie auf die Dachböden der Kaserne. Ich fühlte mich nur sicher, solange ich in der Nähe des Ausgangs blieb. Und trotz dieser Angst erinnere ich mich noch gut daran, wie ich diese Exkursionen in den leeren Hallen genoss. Es war jedes Mal eine Mutprobe, und ich hatte jedes Mal das Gefühl, an einem ganz besonderen Ort zu sein, ein wenig traurig, sehr spannend und ziemlich exklusiv. Schon damals war mir klar, dass Besuche in so einem fremden Universum etwas ganz Besonderes sind.

WORUM GEHT'S EIGENTLICH?

Später, schon als einigermaßen routinierter Urban Explorer, bin ich natürlich vor den Kellertüren oder Dachböden nicht mehr zurückgewichen – auch wenn mir manchmal noch heute ein Schauer dabei über den Rücken läuft. Ich erinnere mich an eine Situation, da waren wir auf einem riesigen, ein paar Fußballfelder großen Gelände, das früher von der Reichsbahn benutzt wurde. Es gab dort ein Heizhaus, Schulungs- und Verwaltungstrakte, wie gesagt, es war ein riesiger Lost Place. Ich mag solche Orte besonders gern, lieber als ein einziges Gebäude, das ansonsten mitten in der belebten Zivilisation steht. Auf einem verlassenen Gelände gibt es oft überhaupt keine Spuren der Gegenwart – nur erodierte Geschichte und den melancholischen Firnis des Verfalls. An solchen Plätzen stelle ich mir vor, dass es die Zivilisation da draußen gar nicht gibt, die Illusion ist perfekt, wie in einem Set von **Blade Runner**. Aber zurück zu der Geschichte, die ich erzählen wollte: Auf diesem Gelände hatte ich einen Lüftungsschacht entdeckt, der mich interessierte. Wenn man in ihn hineinschaute, sah man – nichts. Nur bedrohliches Schwarz. Also seilte ich mich ab, was nicht ganz einfach war, um's mal vorsichtig auszudrücken – erst nach 30 Metern hatte ich wieder festen Boden unter den Füßen. Das war zu einer Zeit, in der ich mit meinen Freunden viel Geocaching machte. Ich bemerkte also sofort, dass hier unten der perfekte Ort wäre, um einen Cache zu legen. Der würde mich bei meinen Mitspielern nicht unbedingt beliebter machen, aber gut – eine Herausforderung für die anderen war es allemal. Also legte ich den Cache und hinterließ dort auch einen Schlüssel, der für die nächsten Stationen des ganzen Geocaching-Parcours wichtig sein würde. Als meine Mitspieler den Lüftungsschacht erreichten, konnten sie sich zuerst nicht einigen, wer von ihnen sich auf den beschwerlichen Weg in die Tiefe machen sollte. Schließlich erbarmte sich einer und seilte sich ab. Als er eine halbe Stunde später wieder auftauchte, hatte er ein Foto vom Cache gemacht, den Schlüssel allerdings nicht geborgen. Er hatte den beiliegenden Zettel nur abfotografiert und nicht gelesen. Von einem Schlüssel wusste er nichts. Zwei Minuten später verschwand er also wieder – stöhnend, fluchend, kopfschüttelnd – im Lüftungsschacht des

Grauens. Ein echtes Schlüsselerlebnis für ihn! Manchmal kann so ein Urban-Exploring-Abenteuer auch ganz schön amüsant sein – wenn man nicht derjenige ist, dem so ein Missgeschick passiert.

Aber meistens ist das Gefühl nicht heiter oder amüsant, das einen in der Tiefe oder in der verlassenen Leere umgibt. Es ist eher ... sagen wir ... ein Gefühl der Erhabenheit. Allein das Bewusstsein, an einem Ort zu sein, den über eine sehr lange Zeit niemand betreten, wo niemand seine Spuren hinterlassen hat, macht Urbex zu etwas ganz Besonderem für mich. Kennt jemand das Zitat von Charles Darwin «Alles, was gegen die Natur ist, hat auf Dauer keinen Bestand»? Wer einmal in einer verlassenen Fabrik umhergestreift ist, wird eine sehr genaue Vorstellung davon bekommen haben, was das heißt: Es ist erstaunlich, mit welcher Kraft sich die Natur den Raum zurückerkämpft, den ihr die Zivilisation einst schon genommen zu haben schien. Auf den Betonböden wachsen Gräser und Sträucher, an rostigen Stahlskeletten bildet sich ein großflächiger braun-grüner Schwamm, an dem wiederum Tiere aller Art und Größe Gefallen finden. Oft sind solche Lost Places erhabene Orte, ich entdecke sie, wie andere Menschen einen Berg erklimmen: mit Respekt und auch mit ein wenig Stolz. Ich fotografiere die verlassenen Orte natürlich auch und drehe Videos in ihnen, aber ich achte darauf, ihnen nicht ihre Würde zu nehmen. Ich möchte kein lautes Spektakel daraus machen. Der berühmte ehemalige Roofer Marat Dupri – inzwischen längst zum Urbexer konvertiert – spricht mir aus der Seele: «Ich kann gut nachdenken an solchen Orten. Die Zeit bleibt stehen. Du fühlst dich sehr allein. Mich erfasst dann eine behagliche Einsamkeit. Ich setze mich auf den Boden, betrachte still die verlassene Schönheit, lasse viele Orte durchsickern bis zu meinem Herz. Ich tauche ein. Das ist viel mehr, als nur ein schönes Foto zu schießen.» Und auch ein bisschen mehr als eine schlichte Stadterkundung. Aber das sagte ich ja schon.

WORUM GEHT'S EIGENTLICH?

TREKKING
WARUM DER WEG DAS ZIEL, KEIN LEICHTER UND AUCH NICHT UNBEDINGT DER DES GERINGSTEN WIDERSTANDS IST: VOM GLÜCK, STRECKE ZU MACHEN.

Das Wort **Trekking** haben vermutlich die meisten von euch schon einmal gehört (abgesehen von **Star Trek**, das zählt nicht). Der Begriff taucht immer dann auf, wenn es um Outdoor-Unternehmungen geht, aber nicht in erster Linie im Kontext von gewaltigen Wanderungen oder anders gearteten Anstrengungen, sondern im Zusammenhang mit allwettertauglicher Kleidung, oder auch: Funktionsklamotte. Ein schönes Beispiel dafür, wie sich aus einem sportlichen Trend in kürzester Zeit ein buntes Produkte-Potpourri destillieren lässt: Mit der Trekking-Sandale oder einem Trekking-Rucksack fühlt sich halt auch der Kamerad gut ausgerüstet, der nur einmal im Monat einen kleinen Spaziergang am Sonntagnachmittag auf dem Hügel in der Nachbarschaft unternimmt. Ich kritisiere das nicht, wer bin ich denn. Es ist halt nur nicht das, was der Begriff ursprünglich mal bezeichnete.

Das Wort **Trekking** stammt aus dem Englischen: Unter einem **Trek** versteht man einen anstrengenden Marsch. Oder auch: Weitwandern. Eine Tour, die entweder extrem lang ist für einen einzigen Tag, oder eine, die gleich mehrere Tage dauert. Man fängt als zukünftiger Trekker üblicherweise mit einem Spaziergang an, mag es, steigert sich zum Wandersmann, und wenn man dann weiter dranbleibt und die Sache immer noch Spaß macht, wird man automatisch zum Trekker. Allerdings kann man auch mit dem Kanu oder dem Fahrrad, dem Tourenski oder dem Schneeschuh eine Trekkingtour unternehmen, Hauptsache, man benutzt ein Beförderungsmittel, für das man ausschließlich die eigene Muskelkraft benötigt (was bei einem E-Bike natürlich zu Dis-

kussionen führen könnte – das entscheidet man besser von Fall zu Fall …).

Der sportliche und der atmosphärisch-emotionale Aspekt sind für Trekker bei der Planung ihrer Projekte ungefähr gleichwertig. Wobei sich der Schwerpunkt des Treks verlagert, je anstrengender und länger er dauert. (Das heißt, dass man selbst die schönsten Strecken nicht mehr genießen kann, wenn sich ein Trek endlos hinzieht und die Muskeln übersäuern, die Fußsohlen brennen und das Trinkwasser zur Neige gegangen ist.) Zu einem Trek gehört auch, dass man abends an den gemütlichen Pensionen auf der Strecke vorbeiläuft. Hütten oder alte Scheunen sollte man ebenfalls links liegen lassen, um nicht als Weichei in die Annalen der Trekkinghistorie einzugehen. Stattdessen ist man maximal mit einem

Zelt, Tarp oder Biwaksack unterwegs. (Tarp? Beinahe ein Zelt – nur überall offen.) Für einen richtigen Trek sollte man eine Menge Equipment dabeihaben, aber auch wiederum nicht sooo viel, dass man bei jedem Schritt 10 Zentimeter im Morast versinkt. (Was man alles für einen Trek braucht und was man beruhigt zu Hause lassen kann, wie man seinen Rucksack packt und noch einiges mehr, erfahrt ihr später im Kapitel «Service – Was brauche ich wofür?».)

Trekking habe ich persönlich erst durch das Klettern für mich entdeckt. Zufällig. Das ist typisch. Wer viel in der Natur unterwegs ist, der trifft eine Menge Leute, die oft ähnliche, aber doch nicht ganz die gleichen Sachen machen wie man selbst. Das ist praktisch, da kann man alles mal schnell ausprobieren – vor allem, wenn man so ein neugieriger (und von nur einer Sache so schnell gelangweilter) Mensch ist wie ich. So bin ich jedenfalls zum Mountainbiking gekommen, zum Kanufahren – und eben auch zum Trekking.

Es war vor nicht mal drei Jahren, da wollten zwei Freunde und ich unseren ersten Klettersteig ausprobieren. Ziel unseres Trips war die Sächsische Schweiz, also das Elbsandsteingebirge – ein traumhaftes Gebiet für alle Outdoor-Fans. Einer meiner Freunde schlug vor, dort auch gleich zu boofen. Ich verstand nur Bahnhof. Boofen? Er erklärte mir, dass das ein Begriff sei, den man speziell in der Sächsischen Schweiz verwenden würde: **Boofen** leitet sich von «pofen» ab, was so viel heißt wie «tief und fest schlafen». Das Besondere am Boofen ist, dass man es nicht einfach draußen im Gelände, also unter freiem Himmel, praktiziert. Nein, man schläft unter einem Felsüberhang oder in einer Felshöhle. Im Elbsandsteingebirge gibt es eine Vielzahl dieser Boofen, oft sind sie sogar schon mit improvisierten Schlafplätzen ausgestattet.

Das war genau nach meinem Geschmack! Wir packten alles Nötige zusammen und fuhren los. Als wir in der Nähe des Klettersteigs den Parkplatz erreichten, wurde es schon langsam dunkel. Wandern und klettern konnten wir an diesem Tag ohnehin nicht mehr, also machten wir uns gleich auf die Suche. Wir hatten schon auf dem Weg mit GPS-Hilfe nach einer bestimmten Boofe gesucht, die in der einschlägigen Wanderliteratur empfohlen worden war. Insofern fühlten wir uns prima vorbereitet und marschierten gut gelaunt mit unseren vollgepackten Rucksäcken los, in der Hoffnung, noch vor Einbruch der Nacht auf unseren Schlafplatz zu stoßen.

Plötzlich entdeckte ich einen schwarzen Pfeil auf weißem Grund, der direkt auf einen der Sandsteine an der Strecke gepinselt worden war. «Irgendwie kein typischer Wanderweg», dachte ich noch. Wie sich später herausstellte, waren genau diese Pfeile das Zeichen für eine Boofe bzw. den Zugang zu den diversen Kletterrouten. Das wussten wir zu diesem Zeitpunkt allerdings noch nicht.

Wir hatten damals noch keinerlei Erfahrung mit Trekkingtouren. Wir wussten also auch nichts von dem beliebtesten Fehler, den Trekking-Rookies machen: Sie packen ihren Rucksack so, als müssten sie mindestens ein halbes Jahr in einem kalten, ungemütlichen Land ausharren. Tja, auch wir hatten definitiv viel zu viel Ballast auf dem Buckel. Schon nach ein paar Schritten war klar: Dieser Weg würde kein leichter sein … Wie sollten wir es bloß mit unserem Gepäck zur Boofe hoch-

WORUM GEHT'S EIGENTLICH?

schaffen? Ich blickte nach oben. Unsere Passage führte durch schmale Felsspalten. Da würde man sich an einigen Stellen durchquetschen, an anderen über kleine Vorsprünge klettern müssen. Wir entschieden, dass ich mich – sozusagen als Scout – schon einmal ohne Gepäck auf den Weg machen sollte, nur um zu schauen, ob wir überhaupt auf der richtigen Fährte waren. Es dauerte, aber ich schaffte es. Als ich an unserem Ziel eintraf, klappte mein Kiefer auf wie der eines Nussknackers. Ich vergaß sogar für ein paar Sekunden, dass ich den ganzen Weg später mit meinem Gepäck noch einmal hochlaufen musste: Was war das hier für eine phantastische Aussicht! Selbst in der Dämmerung. Grandios!

Meine Begeisterung flaute allerdings schneller ab als die belebende Wirkung einer Fassbrause. Das sollte unser Schlafplatz sein? Ja nun. Mir sank das Herz in die Hose. Die gute Nachricht lautete: Es war ausreichend Schlafplatz für drei ausgewachsene Männer vorhanden. Außerdem würde uns dieses skurril überhängende natürliche Dach aus Sandstein vor dem Regen und dem gröbsten Wind schützen. Der Haken an unserer Schlafstelle, die schlechte Nachricht, aber war: An der äußeren Seite des Plateaus, auf das wir unsere Häupter betten würden, ging es mehr oder weniger senkrecht in die Tiefe, 30 Meter mindestens, so schätzte ich. Man sah sogar Bohrhaken in der Kletterwand, das war kein harmloser Spazierweg.

Zum Glück schienen sich schon Wanderer vor mir mit diesem Thema beschäftigt zu haben. Sie waren offenbar zu dem Schluss gekommen, dass ein dicker Baumstamm unruhige Schläfer davor beschützen würde, versehentlich in den Abgrund zu stürzen. Also hatten sie einen Stamm an die Außenkante des Plateaus gelegt. Er sah massiv aus, aber wusste man's? Ich trat ein-, zweimal skeptisch dagegen, mit dem gewünschten Ergebnis: Der Baumstamm wackelte trotz Vollkontakt keinen Zentimeter. Hier konnten wir beruhigt die Nacht verbringen.

Ich machte mich auf den Rückweg, um meine beiden Freunde abzuholen, und eine halbe Stunde später standen wir völlig durchgeschwitzt gemeinsam auf dem Plateau und blickten staunend abwechselnd über die Berge und in die Tiefe. Skeptisch beäugten auch meine Begleiter die Stammbarriere auf dem Plateau. Und beide ließen es sich nicht nehmen, selbst noch einmal dagegenzutreten. Sicher ist sicher ...

Nicht viel später schlugen wir unser Nachtlager auf und redeten noch eine Weile, bis unsere leisen Gespräche in der Nacht verebbten. Das sind die Momente, die ich liebe: Der Schlafplatz ist bereits fertig gerichtet, die müden Beine ausgestreckt, nichts ist mehr von Belang für den Moment. In diesen perfekten Augenblicken genieße ich die leisen Geräusche in der Natur. Dieses Gefühl der Freiheit, kein Dach über dem Kopf zu haben, nur den Sternenhimmel – dafür lohnt sich jede Anstrengung.

Dieser Ausflug war der Beginn meiner Trekkingleidenschaft, ihm folgten viele weitere Touren. Allerdings mit etwas mehr Vorbereitung. Ich fing an, mich näher mit dem Thema Trekking zu beschäftigen: Wie findet man geeignete Touren? Wie schätzt man sich und seine Kondition ein? Was muss man einpacken? Davon werde ich euch im Verlauf des Buches noch erzählen. So viel aber schon einmal vorweg: Inzwischen bin ich mit einem sehr viel leichteren Rucksack unterwegs. Mit 20 Kilo auf den Schultern macht Trekking auch in der grandiosesten Natur keinen Spaß – nur Rücken, wenn man Pech hat.

BUSHCRAFT
ZWISCHEN FAHRSTUHL UND WALDLICHTUNG: WO DIE TÜCKEN IM WALD UND IN DER ZIVILISATION LAUERN UND WIE ICH MIT IHNEN KLARKOMME. (MEISTENS ...)

Die zweithäufigste Frage, die mir als Outdoorer gestellt wird, lautet: Was ist eigentlich der Unterschied zwischen **Bushcraft** und **Survival**? Das ist tatsächlich nicht ganz so einfach zu beantworten, denn in beiden

Fällen geht es darum, in einer misslichen Situation klarzukommen, in extremen Fällen sogar ums schlichte Überleben. Und es gibt eine recht große Schnittmenge. Zerlegen wir das Wort **Bushcraft** einmal in seine Bestandteile: **Bush** bezeichnet in der englischen Sprache einen Strauch und steht in unserem Kontext für Natur und Wald, für einen freien, eben nicht städtischen Lebensraum. **Craft** wiederum heißt übersetzt schlicht «Handwerk». Bushcraft bedeutet also, die Schnellkombinierer haben es längst raus: «Waldhandwerk». Damit ist aber nicht gemeint, dass Sägewerk-Arbeiter sich an Bäumen und Sträuchern zu schaffen machen, auch wenn das buchstäblich «Waldhandwerk» ist, was sie da tun. Nein, Bushcraft bezeichnet im Outdoor-Sport die Fähigkeit, mit den Mitteln des Waldes in ihm zu überleben.

Jetzt wird's tricky: **Survival**, so viel weiß jeder, der zwei Schuljahre Englisch absolviert hat, heißt ebenfalls Überleben. Allerdings beschränkt

sich Survival nicht ausschließlich auf das Überleben im dunklen Forst. Die Fähigkeit, in prekären Situationen nicht den Kopf zu verlieren und mit den Mitteln, die einem spontan in die Hände fallen, den Überlebenskampf aufzunehmen, kann überall gefragt sein: Angesichts einer Naturkatastrophe ohne Wasser, Strom oder medizinische Versorgung zu überleben, das ist Survival. In Kriegs- oder anderen Krisensituationen zu wissen, was zu tun ist: Survival. Eine apokalyptische Katastrophe wie einen Atomschlag oder auch nur einen gigantischen, terroristisch bedingten Stromausfall zu überleben, voilà – Survival. Und wer jetzt abwinkt und behauptet, was soll der Käse, das sind doch alles recht unrealistische Szenarien, dem empfehle ich nur mal so zum Spaß die Lektüre des Bestsellers Blackout – Morgen ist es zu spät von Marc Elsberg. Der Plot ist simpel: An einem Tag in der Zukunft brechen in Europa alle Stromnetze zusammen, Europa liegt im Dunkeln, es geht nur noch ums nackte Überleben. Phantasterei? Könnte man meinen. Aber nachdem seriöse Wissenschaftsmagazine einen Reality Check des Romans vornahmen, ist man sogar in der Politik alarmiert. Innenminister Thomas de Maizière stellte 2016 ein neues Zivilschutzkonzept vor, Mitarbeiter bestätigten Elsbergs These: «Ein Ausfall der Stromversorgung würde uns existenziell treffen.» Und selbst de Maizière verwies explizit auf den Thriller.
Ich will hier keine Unruhe stiften und auch keine Buchempfehlung aussprechen, ich möchte nur darauf hinweisen: Zu wissen, was in dem einen oder anderen Notfall zu tun ist, kann nicht verkehrt sein. So ein Notfall ist möglicherweise schneller da, als man glaubt.
Na gut, gehen wir das Thema mal etwas alltäglicher an: Survival im Zusammenhang mit Outdoor-Aktivitäten bedeutet, dass ich – meist unfreiwillig – in eine Notsituation geraten bin, aus der ich mich schnellstmöglich wieder befreien möchte. Es geht bei Survival also darum, mit allen verfügbaren Mitteln zu überleben und zurück in die Zivilisation zu gelangen. Sich auf einer Wanderung verirrt zu haben oder bei einer Mountainbike-Tour durch einen Sturz schwer verletzt worden zu sein, weit weg vom nächsten Ort, das wären durchaus vorstellbare Szenarien. Hier im

WORUM GEHT'S EIGENTLICH?

dicht besiedelten Deutschland scheint es eher unwahrscheinlich, in eine echte Survival-Situation zu geraten. Fast überall läuft man Menschen über den Weg, die einem helfen können – zudem ist man mit einem Mobiltelefon fast überall in der Lage, Hilfe zu holen, wenn man nicht gerade in einem der selten gewordenen Funklöcher steckt.

Ich hörte allerdings von einem Fall, in dem ein Mann in einer Alltagssituation nur knapp dem Tod entkommen ist: Der Chef eines kleinen Unternehmens, dessen Mitarbeiter allesamt für einige Wochen in Betriebsferien gingen, verließ nach der Belegschaft als Letzter das Gebäude. Er schloss alle Büros ab und nahm den Fahrstuhl. Es war wohl ein älteres Modell, denn der Fahrstuhl blieb stecken – und die Notglocke klingelte nur auf dem Gang und war nicht, wie es heute in modernen Fahrstühlen üblich ist, mit einer Notrufzentrale verbunden. Da niemand mehr im Gebäude war, hörte keiner die Klingel. Keine guten Aussichten – erst drei Wochen später wären die Mitarbeiter wieder zurück in den Betrieb gekommen. (Offenbar hatte der Mann auch keine Familie, die ihn vermisst hätte ...) Um aus der Wartungsluke zu klettern, war er nicht sportlich genug. Ohne Wasser und Essen in seinem Lift-Käfig hätte er wohl nicht lange überlebt. Doch er bewies Nervenstärke und hatte Glück: Ein Nachbar sollte in den drei Wochen Betriebsferien einmal täglich den Briefkasten leeren. Der Eingeschlossene erinnerte sich daran, versuchte eine Nacht lang mit seinen Kräften zu haushalten und horchte, bis er die ersten Laute des provisorischen Briefträgers vernahm. Erst da klingelte und schrie der Mann um sein Leben. Tatsächlich hörte der Nachbar die ungewöhnlichen Geräusche und holte Hilfe. Auch das ist in gewisser Hinsicht ein Fall von Survival gewesen, wenn auch zugegebenermaßen ein ziemlich ungewöhnlicher. Andere Beispiele von der Kunst des Survival: in der Wüste ein Leck im Autotank mit einem Kaugummi schließen. In einer gefährlichen Lage mit dem Spiegel und der Hilfe der Sonne Signale senden. In einem Tretboot im Atlantik ausgesetzt werden und diesen via Muskelkraft überqueren.

Das letzte Beispiel findet ihr albern? Denkt noch mal von vorn. Das hat es wirklich gegeben. Ich weiß nicht, was er sich dabei gedacht hat, aber

der bekannte Survival-Experte Rüdiger Nehberg hat genau das gemacht, schon 1987. Und er ist auch deshalb an dieser Stelle eine gute Referenz, weil man an ihm den Unterschied und gleichzeitig die Schnittmenge zwischen Survival und Bushcraft festmachen kann. Nehberg gilt als Survival-Spezialist, obwohl seine größten Stunts allesamt eher Bushcraft-Kunststücke waren: Er wanderte 400 Kilometer durch die Steppe Südafrikas. Im Juli 2003 seilte er sich von einem Hubschrauber – bis auf ein Messer ohne Ausrüstung – über dem brasilianischen Regenwald ab und überlebte dort den Kontakt mit giftigen Pflanzen und wilden Tieren, 25 Tage lang. Zwischenzeitlich galt der Mann als verschollen – ein echter Überlebenskünstler. In diesem Fall aber, wenn man's ganz genau nimmt, eher ein **Bushcrafter**.

Bushcraft bedeutet nämlich: Ich gerate nicht in eine Zwangslage, son-

WORUM GEHT'S EIGENTLICH?

dern gehe freiwillig in die Natur, um dem Alltag und der Zivilisation zu entfliehen, um abzuschalten und in Einklang mit Flora und Fauna Zeit zu verbringen. (Oder, wie in Nehbergs Fall, sich allen möglichen Gefahren auszusetzen, um Aufmerksamkeit für politische und gesellschaftliche Themen zu generieren, die ihm am Herzen liegen.) So ein Bushcraft-Abenteuer kann ein paar Stunden, mehrere Tage oder sogar Wochen und Monate dauern, das kommt ganz drauf an, wie erfahren und mutig man ist und welche Ziele man sich setzt. Ich persönlich finde beim Bushcraft besonders interessant, überwiegend mit den Materialien zu arbeiten, die ich im Wald vorfinde. Dass es dort auch gefährlich sein kann – jedenfalls, wenn man sich in Brasilien oder anderen exotischen Wäldern herumtreibt –, ist gar nicht unbedingt so reizvoll für mich. Ich habe ja schon an anderer Stelle angedeutet, dass es mir nicht um den Nervenkitzel bei meinen Abenteuern geht. Ich versuche stattdessen, die Erlebnisse in der Natur aufzusaugen wie ein Schwamm, das pure Leben mit allen Sinnen zu genießen.

Ganz ohne Ausrüstung, das gebe ich zu, komme ich noch nicht weit. Meine bisher gesammelten Bushcraft-Erfahrungen würden wahrscheinlich nicht ausreichen, um mich komplett selbst zu versorgen, ich bin noch weit entfernt davon, tagelang ohne Flüssigkeit auszukommen oder zur Not Regenwürmer zu essen, so wie Rüdiger Nehberg das gemacht hat. Aber ich habe ja auch mit Kleinigkeiten angefangen und mir ganz langsam immer mehr Wissen über das Leben draußen in der Natur angeeignet.

Hast du zum Beispiel schon mal einen Löffel selbst geschnitzt? Warum um alles in der Welt du das tun solltest? Wo du doch schließlich einfach einen mitnehmen könntest, wenn du auf Tour gehst? Wäre machbar, klar. Ich persönlich finde es aber gerade spannend, genau solche Kunstfertigkeiten zu lernen und mich dadurch weiterzuentwickeln; außerdem lerne ich auf diese Weise Selbstverständlichkeiten – wie das Vorhandensein von Besteck – ganz neu zu schätzen.

In unserer heutigen Gesellschaft haben wir so viele grundlegende Fertigkeiten verlernt, die noch für unsere Vorfahren alltäglich waren. Damit meine ich nicht nur das Löffelschnitzen. Wer kann denn heute noch zum Beispiel ein Tier erlegen, ausnehmen und zubereiten? Gut, ein paar Jäger unter uns. Für alle anderen ist es schließlich auch verboten, mit einem Gewehr in den Wald zu marschieren und dort einfach loszujagen. Was ich mit meiner Frage aber eigentlich verdeutlichen will: Wir nehmen ganz selbstverständlich unsere Wurst und unser Grillfleisch aus dem Kühlregal, haben aber völlig den Bezug dazu verloren, dass dafür ein Tier sterben musste.

Ich habe mich in den letzten Jahren näher mit diesem Thema beschäftigt, weil ich denke, dass es dazugehört, wenn man viel in der Natur unterwegs ist – und wenn man nach wie vor Fleisch isst. Ich verurteile niemanden, der sich bei vollem Bewusstsein aller Konsequenzen dafür entscheidet, Fleisch zu essen, und ich lächle andererseits über niemanden, der das nicht mehr mit seinem Gewissen vereinbaren kann. Doch ich plädiere ganz eindringlich dafür, sich mit allen Aspekten der Fleischfabrikation und der Massentierhaltung zu beschäftigen. Daher möchte ich noch einmal auf ein Buch hinweisen, eines, in dem dieses Thema, der Respekt vor den Lebewesen und der Natur, auf eine sehr bedachte und kluge Weise beleuchtet wird: **Tiere essen** von dem grandiosen amerikanischen Schriftsteller Jonathan Safran Foer. Die **Süddeutsche Zeitung** schrieb: «Safran Foer hinterfragt die Geschichten, die wir uns selbst erzählen, um unser Essverhalten zu rechtfertigen, und die dazu beitragen, dass wir die Wirklichkeit der Massentierhaltung und deren Konsequenzen nicht ins Auge sehen.» Ich zitiere das hier, weil es mir aus dem Herzen spricht und auf den Punkt bringt, was ich darüber denke. Das Thema mag nur ein Seitenaspekt sein, aber er ist mir sehr wichtig und gehört für mich zum Thema Bushcraft dazu.

Lange habe ich mir keine Gedanken darüber gemacht, woher das Fleisch stammt, das ich so gerne esse. Ich war zwar mal als kleiner Junge mit auf der Jagd, da meine Großeltern beide in einem Forstbetrieb gearbeitet haben und natürlich auch eine Menge Jäger kannten. Aber ich kann mich nur noch flüchtig daran erinnern und habe mich damals auch nicht weiter dafür interessiert. Seitdem ich mich allerdings intensiver mit den

WORUM GEHT'S EIGENTLICH?

Themen Bushcraft und Survival beschäftige, wollte ich wissen: Wie wird eigentlich ein Tier gejagt? Wie wird es erlegt? Wie wird es verwertet? Ich bin der Auffassung, dass jeder, der Fleisch isst, nicht die Augen davor verschließen sollte, was vor dem Verzehr passiert.

Deshalb habe ich mich vor einiger Zeit mit einem befreundeten Jäger zur Jagd verabredet. Wir fuhren mit seinem Lada Niva auf der Suche nach Wild durch seine Pacht, als wir plötzlich ein paar einzelne Rehe vor uns auf einer Lichtung stehen sahen. Ich blieb im Auto sitzen und beobachtete das Wild, während er sich von der Seite, gegen den Wind, anschlich und sein Gewehr anlegte. Mein Herz raste, und mir war nicht wirklich wohl bei der Sache. Irgendwann schoss er, das Reh machte einen Satz und ging nach einigen Metern zu Boden. Ich hatte einen dicken Kloß im Hals und war ziemlich durch den Wind, stieg aber trotzdem aus und sah dabei zu, wie mein Freund den noch warmen Körper des toten Tieres aufbrach. Während ich mit mulmigem Gefühl danebenstand, erklärte er mir, worauf man achten muss.

Noch Tage und Wochen später musste ich immer wieder an diese Situation denken. Selbst jetzt beim Schreiben lässt es mich nicht kalt. Ich esse Fleisch und bin der Meinung, dass es zum Leben des Menschen dazugehört. Seit diesem Erlebnis habe ich jedoch einen anderen Blick auf das Thema Fleischkonsum bekommen und achte vermehrt darauf, welches Fleisch ich esse und, vor allem, wie viel.

Okay, das eigentliche Thema dieses Kapitels habe ich jetzt ein wenig aus den Augen verloren. Ihr erinnert euch, die zweithäufigst gestellte Frage an mich lautet: «Was ist eigentlich der Unterschied zwischen Bushcraft und Survival?» Ich beantworte das mal in der gebotenen Kürze: Survival ist die Fähigkeit, gefährliche Situationen zu überleben. Bushcraft bezeichnet das Überleben im Wald. Bushcraft ist demzufolge ein Teilaspekt des Survival. Da es aber für Outdoor-Aktive meistens ohnehin bloß im Wald zu solch «gefährlichen» Situationen kommt, werden die beiden Begriffe oft gleichgesetzt. Wie bei Nehberg – man sagt Survival, meint aber Bushcraft. Auf das Thema Survival und die damit verbundenen Herausforderungen gehe ich im nächsten Kapitel genauer ein.

BUSHCRAFT

(Ach so: Was die häufigste Frage ist, die mir gestellt wird? Das wisst ihr doch: «Sag mal, Alter – ist das nicht viel zu gefährlich, was du da alles so treibst?» Und **die** Antwort kennt ihr ja nun schon …)

«Die besten Dinge im Leben sind nicht die,
die man für Geld bekommt.»
Albert Einstein

EINE KLEINE VORBEMERKUNG: WAS HEISST SURVIVAL EIGENTLICH GENAU – UND WAS SOLLTE MAN DARÜBER WISSEN?

Bei Survival geht es hauptsächlich darum, aus einer gewissen Notsituation heil herauszukommen, mit minimaler Ausrüstung in die Natur zu gehen und dort zu überleben. Hatten wir ja gerade. Der Unterschied zwischen Survival und Bushcraft verschwimmt bekanntlich immer ein bisschen. Während es beim Bushcraft für mich eher darum geht, die Natur zu genießen, eins mit ihr zu werden und einfach mal abzuschalten, steht beim Survival, wie das Wort schon sagt, das Überleben im Fokus. In meinem Verständnis gehören dazu drei elementare Punkte, die ich hier einmal konkreter erläutern möchte: Feuer, Wasser und Lagerbau.

FEUER
WAS MAN BRAUCHT. WIE MAN ES ENTFACHT. (ES IST KOMPLIZIERT.)

Ich liebe diese Abende am Lagerfeuer, an denen ich stundenlang regungslos ins Feuer schaue und nichts anderes zählt als das Gefühl der Geborgenheit und der Freiheit. Woher kommen solche erhabenen, archaischen Gefühle beim Anblick des Feuers? Ich glaube, das ist tief in uns verankert: Feuer spendet Licht, Wärme, Geborgenheit, Schutz und Sicherheit, das Feuer ist für mich der Inbegriff des Lebens und unver-

zichtbar in der freien Natur, wenn man dort überleben will. Man braucht es für alles, um sich zu wärmen, um sein Wasser abzukochen und von Keimen zu befreien, um sich Essen zuzubereiten. Also sollte man auch wissen, wie man ein Feuer in Gang bringt, wenn gerade keine Streichhölzer und kein Grillanzünder zur Hand sind.

Um ein ordentliches Feuer zu entfachen, spielt die Vorbereitung eine wichtige Rolle. Punkt eins: der Zunder. Das ist das Material, das die Flamme, den Funken oder die Glut als Erstes aufnimmt. Mein Favorit ist hier ganz klar die Birkenrinde. Sie enthält ein gut brennbares Öl und funktioniert sogar im nassen Zustand. Wichtig ist bei der Suche, dass du keine lebenden Bäume verletzt. In einer echten Survival-Situation ist das sicher etwas anderes, aber beim Training oder bei einer Survival-Tour sollte drauf verzichtet werden, am gesunden Baumbestand zu kratzen. Meist findet man in der Nähe von lebenden Birken auch tote Bäume, die bereits umgestürzt sind. Dort kann man die Rinde sammeln und vom Holz darunter befreien. Andere natürliche Zunderarten sind trockenes Gras oder harziges Holz. Generell sollten sowohl der Zunder als auch das andere Holz so trocken wie möglich sein. Vorsicht: Harziges Holz eignet sich erst als Zunder, wenn man mit dem Messer ganz dünne Fasern herausschnitzt. Es sollte idealerweise einige Male gespalten sein, damit man an seinen trockenen Kern kommt. Für ordentlichen Zunder sollten auf jeden Fall Späne geschnitzt werden, die dünner als Streichhölzer sind. Mit ein bisschen Übung ist es auf diese Weise kein Problem, ein Feuer zu machen.

Wenn Holzfasern durchweg mit Harz versetzt sind, spricht man von **Kienspan**, auch einem perfekten Zunder fürs Feuermachen. Wie komme ich an Kienspan heran? Nicht einfach: Kienspan findet man am besten in alten Kiefern. In Kiefernwäldern trifft man immer wieder mal auf alte Baumstümpfe. Viele haben nach einiger Zeit einen Moosteller auf der Schnittstelle. Wenn du mit dem Fuß gegen so einen Stumpf trittst und er komplett vermodert nachgibt, wirst du hier nicht fündig. Aber auch ein neuer Stumpf bietet meistens keinen Kienspan. Eine Mischung aus beidem erhöht die Chance auf das «Gold des Waldes». Wenn du also einen Stumpf findest, der ein bisschen nachgibt und noch über einen festen Kern verfügt, könntest du Glück haben.

Ich buddle an der Seite vom Stumpf ein Loch, bis ich auf die erste dickere Wurzel treffe. Die lege ich frei und säge sie ab. An der Schnittstelle siehst du jetzt ziemlich schnell, ob es ein Treffer war oder nicht. Riech einfach mal dran: Kienspan duftet so herrlich nach Wald. Ich grabe dann auch gern mal den kompletten Stumpf frei und nehme mir genug Zeit, um die Wurzel zu zerlegen, von altem Holz zu befreien und alles in einzelne kleine Stücke zu spalten. Ich lasse die kleinen Sticks meist noch etwas trocknen, bevor ich sie benutze. Danach schabe ich mit meinem Messerrücken feinste Locken von den Sticks ab.

Hat man genug Kienspan, kann man diese Sticks auch gleich für den nächsten Schritt beim Feuermachen nutzen. Der Zunder ist ja eigentlich nur dazu da, die erste Flamme weiterzugeben. Diese Flamme sollte im nächsten Schritt auf dünnes feines Material übertragen werden. Am einfachsten ist es mit Reisig. Das sind die dünnen Trockenäste am unteren Ende von Nadelbaumstämmen. Diese sind meist sehr trocken, da sie vom Rest des Baumes geschützt werden. Da Reisig nicht an jeder Ecke zu finden ist, spalte ich oft auch trockenes Holz. Hierfür nutze ich die

SURVIVAL

Messertechnik **Batoning**, die ich im Service-Kapitel kurz erläutere. Man kommt so ziemlich schnell an den trockenen Kern des Holzes und kann feine Sticks aus dem Holz spalten.

Nachdem das feine Material jetzt beisammen ist, suche ich noch etwas gröberes Holz, das ich nach und nach auf das Feuer legen werde. Der Kern des Holzes nimmt die Flamme gut an. Aus diesem Grund solltest du gerade für den Anfang das Holz immer aufspalten. Die Rinde brennt meist nicht so gut. Sie soll im Falle eines Waldbrandes die Natur schützen. Später, wenn im Feuer eine solide Glut geschaffen wurde, ist auch die Rinde kein Problem mehr. Aber gerade zu Beginn, wenn es darum geht, das Feuer erst einmal zu entfachen, solltest du die Rinde entfernen.

Jetzt liegen alle Materialien bereit. Aber wie geht es weiter? Zuerst einmal sollte ein geeigneter Platz gefunden werden. Befreie den gesamten Bereich von brennbaren Materialien und richte die Stelle so aus, dass die Flammen nicht auf die Umgebung übergehen können. Wenn du Steine hast, kannst du dir einen schönen Ring legen. Achte aber darauf, dass die Steine nicht feucht sind, da sie sonst in der Hitze des Feuers platzen können. Nun stellt sich die Frage, wie man die Materialien am besten aufbaut. Wichtig ist, dass genug Sauerstoff ans Feuer gelangt und dass du es am Anfang nicht erstickst. Was ich immer wieder sehe, ist, dass Anfänger schon bei der ersten Flamme beginnen, ins Feuer zu pusten. Das ist grundfalsch, jedenfalls, wenn ihr mit einem Funken zündet. Pusten bringt nur etwas, wenn ihr bereits eine Glut habt. Wenn man aber mit einem Streichholz Birkenrinde entzündet und dann wie wild pustet, wird die Flamme einfach wieder ausgehen. Also merken: Pusten oder Wedeln bringt nur etwas, wenn schon Glut vorhanden ist.

Ich arbeite sehr gerne mit Gitterfeuer. Es gibt dafür noch verschiedene andere Bezeichnungen wie Blockfeuer, Haus bauen, Kastenfeuer oder Pagodenfeuer. Man legt mehrere Hölzer nebeneinander und in der nächsten Etage wieder eine Reihe, die um 90 Grad gedreht ist. So macht man immer weiter, bis man einen kleinen Turm hat – ähnlich wie ein Jengaturm, nur mit deutlich mehr Freiraum, in dem Sauerstoff zirkulieren kann. Zum Entzünden nehme ich allerdings immer nur zwei Hölzer pro Etage – das sieht dann ein bisschen wie die Raute auf der Tastatur (#) aus. Das wär's überhaupt: Wieso das Feuer nicht in Hashtag-Feuer umtaufen? Wäre jedenfalls zeitgemäß. Der Vorteil an dieser Aufschichtungsart: In der Mitte entsteht eine Art Schacht. Hier wirft man die Birkenrinde hinein, den Entzündungshelfer Nummer eins.

Nun aber zum wichtigsten Teil. Wie entzünde ich den Zunder überhaupt? Und darf ich als Outdoor-Mann mit einem Ehrenkodex Hilfsmittel benutzen oder nicht? Ich bin meist mit einem Feuerstahl unterwegs. Damit kann man bei jeder Witterung Funken erzeugen, die mehrere tausend Grad heiß sind. Dazu schabt man zum Beispiel mit dem Messerrücken über den Feuerstahl, durch das scharfe Gegenstück wird Material vom Feuerstahl abgetragen, das sich aufgrund der Reibung zu Funken entzündet. Der Funken wird von unserem Zunder aufgefangen und so in Glut gesetzt. Der Feuerstahl ist quasi unzerstörbar, kann nass werden und funktioniert bei jeder Temperatur. Nachteil ist, dass man keine direkte Flamme erzeugen kann. Feuerzeug und Streichhölzer machen eine direkte Flamme, sind dafür aber deutlich anfälliger.

Wer so richtig Survival machen will, versucht sich am Bow- oder Handdrill. Dabei versucht man durch Reibungshitze ein kleines Glutnest zu erzeugen. Ich persönlich bin noch nicht an dem Punkt, wo ich das zuverlässig hinbekomme. Es gibt diverse Anleitungen in Büchern oder im Internet. Wichtig ist auf jeden Fall, wieder trockenes Holz zur Verfügung zu haben. Da ich selbst noch nicht ausreichend Erfahrungen auf dem Gebiet habe, würde ich dir empfehlen, ein paar andere Quellen zu durchforsten und fleißig zu üben. Auf meiner Trainingsliste steht dieses Thema auch weit oben.

Wenn das Feuer einmal brennt und eine gewisse Glut vorhanden ist, geht es so schnell nicht mehr aus. Meistens reicht die Glut am nächsten Tag noch aus, um das Feuer wieder schnell in Gang zu bringen. So ein Feuer spendet Wärme, erzeugt Licht und bietet auch Schutz gegen Tiere. Außerdem kann man auf ihm Nahrung zubereiten und Wasser abkochen, womit wir beim nächsten wichtigen Punkt angelangt sind, wenn es ums Überleben geht: Wasser.

SURVIVAL

WASSER
VOM RICHTIGEN UMGANG MIT FLÜSSIGKEITEN UND NAHRUNG FÜR GEIST UND KÖRPER.

Das Thema «Energieversorgung des Körpers» ist eine Wissenschaft für sich und keine unwichtige, denn bei langen Touren ist es schlicht notwendig, dass der Körper nicht dehydriert, sondern immer gut versorgt wird – andernfalls droht er mit schleichender Leistungsverweigerung, und das will ja niemand. Auch wenn es eine große Freude sein kann, nach einer längeren Zeit unfreiwilligen Verzichts plötzlich auf eine Oase zu stoßen, wie schon Thomas Edward Lawrence (besser bekannt als Lawrence von Arabien) wusste: «Es gibt kaum etwas Schöneres auf Erden als Durst, den man stillen kann. Drei Tage ohne Getränke und dann einen Eimer Wasser, das ist der Himmel auf Erden.» Ich weiß ja nicht. Wollt ihr es drauf ankommen lassen? Ich rate davon ab ...
Beim Trekking ist das mit der Wasserversorgung so eine Sache. Es gibt nur drei Möglichkeiten, denn die vierte – der Verzicht auf regelmäßigen Nachschub – wird nur von leichtsinnigen und zur Bequemlichkeit neigenden Hallodris in Erwägung gezogen und rächt sich in der Regel. Daher gilt: Entweder du schleppst dein ganzes Wasser mit, füllst es in der Natur auf, oder du kaufst es regelmäßig nach.
Ich habe je nach Tour schon alle drei Varianten genutzt. Es gibt hier kein richtig oder falsch. Auf meiner Alpenüberquerung war es eine Kombination aus allem. Es gab Etappen, auf denen man tagsüber nicht eine einzige Hütte gesehen hat und auch auf keine Quelle gestoßen ist. Da blieb einem nichts anderes übrig, als den kompletten Wasserbedarf mit sich über den Berg zu schleppen. In der Anfangs- und Endphase der Tour passierte ich mehrfach einige Dörfer und konnte mich dort wieder mit neuen Getränken eindecken. Mittendrin gab es dann Etappen, während der ich auf viele kleine Quellen stieß. Das ist natürlich ein Traum:

Das Wasser dort schmeckt herrlich, und man hat gleichzeitig das Gefühl, etwas für seine Gesundheit zu tun. An anderen Tagen hingegen fand ich nicht einen einzigen Tropfen Wasser. Zum Glück war ich darauf immer leidlich vorbereitet.

Das kannst du auch sein: Informiere dich vorher, wie es mit der Wasserversorgung auf deiner Strecke aussieht, ob es Gasthäuser auf dem Weg gibt oder ob du natürliche Quellen für deine H_2O-Bedürfnisse anzapfen kannst.

Ein weiterer wichtiger Punkt ist die Menge des täglichen Bedarfs, deine Dosis des Stoffs. Klar, der Körper verlangt bei extremen Anstrengungen wie einer Alpenüberquerung auch extrem viel Flüssigkeit. Ich bin zwar schon Touren gelaufen, auf denen ich mit zwei Liter Wasser am Tag gut auskam, es gab aber auch solche, auf denen ich stolze sechs bis sieben Liter Wasser wegbrannte. Es gibt da keine Richtwerte – und du bist schließlich keine Hollywoodschauspielerin, die nur für einen gesunden Teint vier Liter Evian pro Tag verköstigt. Sammle deine ganz eigenen Erfahrungen, dein Körper sendet dir schon die richtigen Signale.

Das gilt auch für das Essen auf deinen Touren. Deine Nahrung sollte ein gutes Energie-Gewichtsverhältnis haben. Es gibt spezielle Trekking- und Outdoor-Nahrung, die perfekt auf solche Bedingungen abgestimmt sind. Die Produkte sind selbst leicht und erschweren deine Touren nicht, haben aber auf der anderen Seite einen hohen Nährwert. Allerdings reicht diese – ich nenne sie mal Funktionsnahrung – lediglich für kleinere Ausflüge, auf mehrwöchigen Touren ist man aufgeschmissen, wenn man sich nur darauf verlässt. Schließlich erhält man diese Spezialnahrung nicht in irgendwelchen Dorfläden. Da muss man im Laufe der Tour hinten raus Kompromisse machen.

Ich ergänze meine Trekking-Nahrung meistens noch mit den unterschiedlichsten Lebensmitteln: Vollkornbrot, Knacker, Hartkäse, Honig, Dosenfisch, Studentenfutter, Trockenfrüchte, Nüsse usw. In den Alpen habe ich mir oft auch Obst und Gemüse besorgt, um meinem Körper wichtige Vitamine und andere Inhaltsstoffe zu gönnen. Das Problem dabei ist, dass Obst und Gemüse durch die amtliche Wassereinlagerung ziemlich schwer sind. Meine Taktik: Einen großen Teil davon esse ich immer gleich vor dem Laden und packe es gar nicht erst in meinen Rucksack. Sieht manchmal komisch aus, die Leute denken wohl, ich sei völlig ausgehungert, aber diesen Trick, wenn man ihn so nennen mag, finde ich eigentlich sehr praktisch.

Eine ganz andere Geschichte und wesentlich anspruchsvoller ist das Problem der Wasserversorgung beim Survival. Grundsätzlich gilt: Der menschliche Körper kann grob drei Minuten ohne Sauerstoff, drei Tage ohne Wasser und drei Wochen ohne Nahrung auskommen, bevor er schlappmacht. Drei Tage ohne Wasser sind eine sehr kurze Zeit, und der körperliche Zustand ändert sich ja auch nicht erst schlagartig nach Ablauf der Frist. So ein Körper reagiert schon nach wenigen Stunden auf Flüssigkeitsmangel. Ich bin mir sicher, dass viele von euch das schon einmal erlebt haben, selbst im Alltag. Trinkt man über den Tag verteilt zu wenig, melden sich schnell Kopfschmerzen, der Kreislauf versagt, Schwindel macht sich bemerkbar. Wenn dann auf einer Survival-Tour auch noch körperliche Leistung gefragt ist, wird Wasser ganz schnell zu einer existenziellen Notwendigkeit.

Wie kommt man nun an Wasser, wenn der nächste Kiosk 30 Kilometer entfernt ist und das nächste saubere Bergbächlein noch nicht gefunden? In diesem Fall muss auch schon mal ein Baggersee oder der nächste Fluss herhalten. Das Problem: Hier in Deutschland können wir nicht einfach so aus jedem Gewässer trinken, jedenfalls nicht mehr als einmal ... Selbst ein Wasserfilter hilft in vielen Fällen nur bedingt. Generell nutze ich zwei Methoden, um verunreinigtes Wasser trinkbar zu machen: Abkochen und / oder Filtern.

Das heißt jedoch nicht, dass wir aus jedem Flusswasser Trinkwasser zaubern können. Dazu gibt's im Wasser zu viele, nennen wir sie: Problemträger. Schwebstoffe oder Protozonen, Salmonellen, Bakterien, Kolibakterien, Viren – alles heimtückische Wasserbewohner, die schwere Durchfallerkrankungen verursachen können, kombiniert mit Übelkeit, Fieber und Harnwegsentzündungen. Die meisten Wasserfilter auf dem Markt beseitigen Schwebstoffe, Bakterien und Protozonen verlässlich, nur wenige Filter können aber auch Viren filtern. Was also tun? Es gibt eine einfach Regel, an der man sich im Zweifel orientieren kann: Befindet sich flussaufwärts Zivilisation? Wenn ja, ist die Gefahr groß, dass sich Verunreinigungen im Wasser befinden. In diesem Fall sollte man Wasser nur aus Quellen vertrauen. Klingt logisch, ist aber in der Praxis schwer umzusetzen, wenn man nicht gerade im Gebirge unterwegs ist. Wenn ich mich in Deutschland im Flachland bewege, nehme ich immer genügend Trinkwasser mit, siehe oben. Und bevor ich einer unsicheren «Quelle» vertraue, warte ich lieber, bis ich wieder in der Zivilisation bin, und klingele im Notfall auch schon mal beim Bauern und frage nach Leitungswasser. Bisher war das nie ein Problem, außerdem führt es nicht selten zu sehr netten Gesprächen.

SURVIVAL

LAGERBAU
WIE MAN DEN RICHTIGEN PLATZ ZUM ÜBERNACHTEN FINDET. (AUCH OHNE ZELT UND ANDERE HILFSMITTEL.)

Bei der Wahl eines optimalen Lagerplatzes kommt es natürlich erst einmal darauf an, wie lange man überhaupt dort bleiben will. Suche ich nur einen Rückzugsort in der Nähe meines Wohnortes, an dem ich einfach mal eine kurze Zeit meinem normalen Alltag entfliehen kann? Dann reicht ein kleines Bushcraft-Camp. Oder bin ich auf einer Trekkingtour, auf der ich mir jede Nacht einen möglichst geschützten, aber auch landschaftlich schönen Platz zum Übernachten für einige Stunden suchen will? Oder noch anders: Trainiere ich Survival und will ein Lager mit Hilfe der «natürlichen» Möglichkeiten meiner Umgebung bauen? Die Anforderungen an ein gutes Lager wechseln also von Unternehmung zu Unternehmung.

Wenn ich auf einer Trekkingtour unterwegs bin und einen Platz für mein Zelt oder mein Tarp suche, schaue ich als Erstes nach einem ebenen Untergrund ohne viel Wurzeln oder Steine. Denn wenn sich eine Wurzel genau dort befindet, wo ich mein Zelt aufbaue, verspricht das keine gute Nacht für meinen Rücken zu werden. Bevor ich das Zelt aufbaue, «säubere» ich meinen Schlafplatz außerdem, so gut es geht, das heißt, ich entferne spitze Gegenstände wie Dornen, Äste und Steine. Die meisten Zeltböden sind zwar robuster als die Außenwände, aber irgendwann ermüdet auch dieses Material.

Auch solltest du auf jeden Fall darauf achten, dass dein Schlafplatz nicht in einer Senke liegt. Denke bei der Wahl deines Lagerplatzes immer an möglichen Regen. Der bahnt sich seinen Weg in dein mobiles Reich von ganz allein. Ich habe schon Nächte im Regen erlebt, nach denen ich am nächsten Morgen in einer riesigen Pfütze aufgewacht bin. Zum Glück hielt mein Biwaksack dem Wasser stand. Wenn du an einem leichten

Hang eine ebene Fläche gefunden hast, ziehst du am besten einen kleinen Wassergraben auf der Oberseite des Terrains in U-Form um dein Lager. Klingt simpel, hat aber selbst bei geringer Tiefe einen großen Effekt: Das Regenwasser wird abgeleitet und plätschert fröhlich am Ziel vorbei. Das funktioniert nicht bei sintflutartigen Wolkenbrüchen, gebe ich zu, aber einen kleinen Sommerregen kann man damit schon ganz gut austricksen.

Wenn du ein Tarp als Schrägdach spannst und es zu einer Seite komplett offen bleibt, würde ich dir empfehlen, die geschlossene Seite zum Wind aufzustellen, damit du auch davor ein bisschen geschützt wirst.

Wählst du für dein Lager eine Hängematte, brauchst du dir um fast alle diese Punkte keine Gedanken zu machen. Der Boden unter dir kann klitschnass sein, und es können dir auch keine Wurzeln von unten in den Rücken drücken. Allerdings benötigst du zwei halbwegs stabile Bäume in einem gewissen Abstand zueinander. Im Wald absolut kein Thema, aber zum Beispiel in Island wirst du mit Hängematte nicht weiterkommen. Dort gibt es gar keine Bäume. Auch im Gebirge über der Baum-

grenze oder in der Wüste kannst du eine Hängematte als Schlafmöglichkeit vergessen – genau solche Punkte solltest du in deiner Planung berücksichtigen.

Für einige Outdoor-Aktive spielt die Tarnung des Lagers eine wichtige Rolle, sie wollen möglichst nicht entdeckt werden. Das muss keine dubiosen Gründe haben – es gibt eben Zeiten, da möchte man einfach keine Menschen treffen und sich auch nicht dafür rechtfertigen müssen, was man da im Wald oder in der Heide treibt.

Für andere Outdoor-Sportler wiederum kann es sogar sehr wichtig sein, aufzufallen. Gerade im Gebirge sollte man darauf achten, in auffälliger Kleidung und mit einem signalfarbenen Zelt unterwegs zu sein, damit man im Notfall schnell von einem Rettungsteam gefunden wird. Wenn man ein Schotterfeld mehrere hundert Meter herunterrutscht und sich womöglich mit gebrochenen Knochen nicht mehr voranbewegen kann, ist man froh, wenn man Kleidung trägt, die auch aus einiger Entfernung gut sichtbar ist. Wenn ich selbst für ein paar Tage in den heimischen

Wäldern unterwegs bin, möchte ich allerdings eher unauffällig bleiben und wähle ein Tarp mit Tarnmuster. Das kann man zusätzlich noch mit Sträuchern und Blättern so dekorieren, dass es sich nahtlos in die Umgebung einpasst.

Wilde Tieren gibt es in deutschen Wäldern ja eher selten, man muss also – anders als etwa in Kanada – keine Rücksicht auf Bären oder ähnlich hungrige Populationen beim Lagerbau nehmen. Man sollte allerdings Wildschweine nicht unterschätzen, auch wenn das tendenziell eher Fluchttiere sind. Nahrung sollte trotzdem immer in einem gewissen Sicherheitsabstand zum Camp bzw. dem eigenen Schlafplatz gelagert werden. Auch in Deutschland. Ich habe im Wald schon Wildschweine ganz in meiner Nähe getroffen, die offenbar von meinem Fressbeutel angelockt wurden. Das ist kein besonders schönes Gefühl, nachts aufzuwachen und eine Rotte Wildschweine schnüffelt fleißig nur wenige Meter vom Zelt entfernt, glaubt mir. Zum Glück verzogen sie sich schnell, als ich mich bemerkbar machte. Wenn die gewusst hätten, dass mir mein Herz in diesem Moment schon in die Hose gerutscht war ...

Für Globetrotter, die auf allen Kontinenten unterwegs sind: Es gibt spezielle Behälter, die gerade in Gebieten mit Bären benutzt werden sollten. Man kann seine Lebensmittel darin verstauen und sie mittels Seil hoch hinauf in eine Baumkrone ziehen und erst bei Bedarf wieder ablassen. Auch in den deutschen Wäldern habe ich das als Vorsichtsmaßnahme schon häufiger gemacht. Übertrieben? Mag sein, aber ich hatte wirklich Angst um mein schönes Essen.

Ein Thema dürfen wir bei aller Flora-&-Fauna-Romantik nicht außer Acht lassen: In Deutschland ist Zelten im Wald grundsätzlich verboten. Das gilt allerdings nicht für Biwakieren, das unter das allgemeine Betretungsrecht fällt. Allerdings kann es im Einzelfall schwierig sein, darzulegen, dass man nur biwakiert und nicht zeltet. Wer also auf der sicheren Seite sein will, fragt den Eigentümer nach einer Erlaubnis.

Um möglichen Irritationen vorzubeugen, hier einmal die feinen Unterschiede kurz erklärt:

ZELTEN: Ist klar. Zelt aufbauen zum Zwecke der Übernachtung = nicht erlaubt.

CAMPIEREN: Bedeutet «Nächtigen von Personen in mobilen Unterkünften wie Zelten, Wohnwagen, Kraftfahrzeugen ...» Ist im Wald alles nicht erlaubt.

LAGERN / BIWAKIEREN: Heißt so viel wie «pausieren» und ist generell erlaubt. Man darf sich hinsetzen, hinlegen und dabei auch vor dem Wetter schützen, man pausiert ja bloß. Wenn die Pause allerdings 12 Stunden dauert, wird es eng. In Deutschland ist das Ganze eine Grauzone und leider nicht wirklich geregelt.

Ich gebe euch ein paar kleine **VERHALTENSTIPPS**, die man unbedingt beachten sollte, wenn man keinen Ärger bekommen möchte:

- **Nicht auf Privatgrundstücken oder in Nationalparks, Biosphärengebieten, Natur- und Landschaftsschutzgebieten übernachten.**
- **So unauffällig wie möglich agieren und sein Verhalten der Umgebung anpassen.**
- **Keinen Lärm machen und alles wieder so verlassen, wie es vorgefunden wurde. Das schließt die Müllmitnahme selbstverständlich ein.**
- **Andere Besucher und die Tiere im Wald nicht stören.**

Befindest du dich ganz ohne Ausrüstung in einer Situation, in der es tatsächlich ums Überleben geht, bist du auf natürliche Elemente angewiesen. Umgestürzte Bäume und Wurzelteller bieten dann einen gewissen Schutz. Manche Nadelbäume haben einen so dichten Bewuchs, dass sie wie ein kleines Zelt wirken, wenn du die unteren Äste des Baumes entfernst. Gerade im Winter ist das auch eine der wenigen Stellen, die schneefrei und trocken sind. Natürlich kann man sich auch mit Ästen, Zweigen und Laub eine Notunterkunft bauen, die möglichst guten Schutz vor Wind, Regen und Kälte bietet. Wenn du ein Feuer entfachst, solltest du den Platz dafür so wählen, dass er vor Regen und Wind geschützt liegt und du das Feuer nutzen kannst, um nicht auszukühlen. Es ist zum

LAGERBAU

Beispiel ratsam, einen kleinen Reflektor aus Holzstämmen zu bauen, der die Wärme des Feuers abstrahlt. Wenn du eine geschlossene kleine Unterkunft baust, sollte diese im Inneren so klein und eng wie möglich sein. Je weniger Luft im Inneren einer solchen Höhle ist, umso besser hält sich die Wärme. Zur Isolation ist es wichtig, den sogenannten Shelter auf der Außenseite mit sehr viel isolierendem Material zu bedecken. Pack alles drauf, was du im Wald findest: Laub, Nadeln, Moos, Äste, Zweige – egal, Hauptsache, du schaffst es, die Höhle bis zum nächsten Morgen so zu isolieren, dass du nicht unterkühlst.

«Von einem gewissen Punkt an gibt es
keine Rückkehr mehr.
Dieser Punkt ist zu erreichen.»
Franz Kafka

DER PLAN
WAS DAS ABENTEUER VON EINER SCHNAPSIDEE UNTERSCHEIDET. ÜBER BALANCE, ORIENTIERUNG UND DAS WISSEN UM DIE UNGEWISSHEIT.

Ich will Spaß haben! Punkt.
Jetzt sehe ich schon die Fragezeichen über euern Köpfen aufleuchten wie die Neonreklame einer Strip Bar. Was meint er denn jetzt damit? Nun, sagen wir's mal so: Was so lapidar und selbstverständlich klingt, scheint gerade in der Beurteilung meiner Outdoor-Abenteuer immer zuletzt in Erwägung gezogen zu werden. Stattdessen lande ich zwangsläufig bei der so überaus beliebten Frage, mit der ich immer wieder konfrontiert werde: Ist das denn nicht irre gefährlich, was du so machst? Diese Frage bezieht sich natürlich in erster Linie auf meine Urbex-Touren oder größer angelegten Trekking-Events. Dabei liegt es auf der Hand, dass Expeditionen in die Todeszone von Tschernobyl oder eine Alpenüberquerung zu Fuß in angepeilter Rekordzeit mit Risiken verbunden sind. Das macht in gewisser Weise eben auch ihren Reiz aus. Doch auch Boofe-Abenteuer auf einer Felskante oder die außerordentliche Belastung eines Tough-Mudder-Rennens lassen Outdoor-Fremde in meinem Bekanntenkreis immer wieder an meinem Verstand zweifeln:

ZWISCHENSCHRITTE

Warum tust du dir das bloß an? Nun, darauf gibt es genau genommen nicht **die** eine Antwort: Weil ich aus meiner Komfortzone rauswill. Weil ich meine Grenzen kennenlernen möchte. Weil ich die Natur erleben will. Weil ich neugierig bin auf Orte, die nicht alltäglich sind, auf Eindrücke, die man sich erarbeiten muss und die einem nicht via Fernbedienung oder Amazon frei Haus geliefert werden. Das alles sind Gründe – und sie haben einen gemeinsamen Nenner: Ich will das, was ich mache, so gut und so intensiv wie möglich genießen können. Das ist meine Hauptmotivation. Nicht Selbstquälerei, nicht der Thrill und auch nicht die Hoffnung auf Rekorde, auf Wettbewerb, nein: **Ich. Will. Spaß.** Und ihr müsst jetzt ganz tapfer sein, denn meiner Meinung nach ist der größtmögliche Spaß nicht ausschließlich mit Mut, Kraft, Ausdauer, Tempo oder nach einem ausgiebigen Bad in genau dem Zauberkessel zu haben, in den Obelix einst als Kind fiel – auch wenn das meiste davon schon irgendwie dabei sein sollte. Nein, es ist viiiieeeel langweiliger: Das Geheimnis eines gelungenen Erlebnisses an der Outdoor-Front ist: gute Planung.

Vor jedem meiner Abenteuer steht eine gewisse Planungsphase, mal länger, mal kürzer, selbst wenn wir nur über eine Tagestour oder einen Volks-Triathlon reden. Ich mache mir im Vorfeld einer Unternehmung über **alles** Gedanken, was mit dem Projekt zu tun hat. Ganz gleich, ob das meine körperlichen Verfassung ist – ins Verhältnis gesetzt zu den sportlichen Anforderungen, die auf mich zukommen – oder die vermutlich unverzichtbare Ausrüstung. Ich informiere mich über jedes Detail des Ortes, an den ich reisen werde, und weiß im besten Fall sogar, welches Wetter mich dort erwartet. Auf die Idee zu meinen Touren komme ich meistens im Alltag. Ich sehe etwas im Internet, schaue ein YouTube-Video, lese etwas in einer Zeitung oder schnappe Informationen bei einem spannenden Gespräch mit Kollegen oder Freunden auf. Es ist wie ein plötzlicher Funke, der auf mich überspringt. Oft bin ich gleich Feuer und Flamme: zu Fuß über die Alpen von München nach Venedig? Eine Exkursion nach Tschernobyl? Mit einem Kanu durch den Luangwa-Fluss in Sambia? Klar, da bin ich doch dabei!

DER PLAN

Wenn die Idee für ein neues Abenteuer geboren ist, geht es üblicherweise nicht gleich am nächsten Tag los. Nein, die Idee entwickelt sich in den nächsten Tagen, Wochen oder Monaten Stück für Stück. (Oder eben nicht.) Meistens lege ich auf meinem PC einen Extraordner für jedes Projekt an. Dort sammele ich so viel Informationen, wie ich bekommen kann. Ich suche nach Bildern, Berichten von anderen Abenteurern vor mir, nach allgemeinen Fakten und all den Informationen, die frei zugänglich sind. Ich lese Bücher zum Thema, schaue Filme, ich verschlinge wirklich jede noch so abseitige Website, wenn die sich irgendwie mit meinem Thema befasst, und sei es auch nur am Rande. Ich will vorbereitet sein, mental und im Detail.

Möglicherweise zerstöre ich jetzt die Illusionen von einigen von euch, die dachten, es sei cool, mit ausreichend Mut und Elan einfach mal loszumarschieren (oder -zufahren) – nach dem Motto: Mal schauen, was passiert. Aber so läuft das nicht, wenn der Trip Spaß bringen soll. Wenn ihr nach diesem Prinzip vorgeht, werdet ihr zwar eine Menge Überraschungen erleben, aber die meisten davon werden euch nicht gefallen, das garantiere ich. Oft sind das keine exotischen Gefahren, von denen man noch jahrelang an den Lagerfeuern dieser Welt erzählen kann – wenn man sie denn überstanden hat. Es sind die peinlichen Banalitäten, die euch bremsen werden, die kleinen Dinge, an die ihr nicht gedacht habt: falsche oder fehlende Ausrüstung, vergessene, notwendige Impfungen, Nationalparks, die geschlossen haben, Schlafsäcke, die zu dünn für die Jahreszeit sind. Für einen Bekannten von mir war seine Reise nach Australien – wo er eine vierwöchige Trekkingtour durchs Outback unternehmen wollte – schon in Frankfurt am Airline-Schalter vorbei, weil er verpeilt hatte, sich um ein Visum zu kümmern. Shit happens.

Meistens lass ich meine Ideen ein paar Tage reifen, bevor ich wirklich mit den Vorbereitungen beginne. Nur um zu sehen, ob der Drang nach genau diesem Abenteuer auch groß genug ist. Manchmal bin ich nur im ersten Moment geflasht von einer Idee, wenn ich sie aber sacken lasse, spüre ich: Nein, das ist es nicht. Aus unterschiedlichen Gründen. Weil sie nichts Neues bietet und den Trips, die ich schon gemacht habe, zu

ähnlich ist. Weil sie einfach nicht umzusetzen ist, aus rechtlichen oder finanziellen Gründen. Oder weil sie schlicht zu gefährlich ist. Ich habe zum Beispiel in **Free Men's World**, einem sehr guten Abenteuermagazin, eine Geschichte von Hendrik Luckey gelesen, einem Deutschen aus der Eifel. Er ist mit einem Kanu den Luangwa-Fluss in Sambia hinuntergepaddelt, allein und ohne Waffen. Im ersten Moment fand ich die Vorstellung faszinierend, und ich bewundere ihn dafür, diese Strapaze auf sich genommen zu haben. Es würde mich auch reizen, die unberührte Natur an den Ufern des Luangwe und des Malawi-Sees im Dreiländereck von Mosambik, Sambia und Simbabwe mit eigenen Augen zu erleben. Aber kaum, dass ich mich ein wenig mit dem Thema beschäftigt hatte, war es für mich auch schon wieder gestorben. Man kann nicht allein mit einem Kanu und ohne Gewehr durch Sambia paddeln, ohne sich jeden Tag in Lebensgefahr zu begeben: Nilpferde, Skorpione, vor allem aber die riesigen Krokodile im Fluss sind eine ständige Bedrohung, auf 800 Kilometer Länge. Es mag Menschen geben, die das reizvoll finden. Ich gehöre nicht dazu. Ich verurteile niemanden, der solche Risiken eingeht. Aber das ist nicht meine Vorstellung von Spaß. Ich möchte all diesen Gefahren aus dem Weg gehen. Und das kann ich nur, wenn ich meine Projekte gut plane.

Manche meiner Ideen werden relativ schnell umgesetzt, andere werden im Laufe der Monate verworfen, einige kommen erst Jahren später wieder an die Oberfläche. Für ein paar meiner Projekte scheint der Zeitpunkt noch ungünstig, andere verlieren mit der Zeit und aus der Perspektive des immer erfahreneren Outdoor-Sportlers einfach ihren Reiz. Wenn ich mich aber für ein Projekt entschieden habe, stelle ich als Erstes ein Team zusammen. Ich bin nicht gern allein unterwegs, viele meiner Unternehmungen genieße ich in Gesellschaft meiner Freunde und anderer Outdoor-Freaks einfach mehr. Ich frage mich also: Wer könnte Lust auf dieses Projekt haben? Und vor allem: Auf wen kann ich mich dabei verlassen? Es mag ja ganz lustig sein, seine besten Freunde von der Teilnahme an einem Triathlon oder einer Extremwanderung zu überzeugen. Aber ihr solltet in solchen Fällen weiterdenken. Bringen die neben gutem Humor und den anderen Eigenschaften, die sie zu deinen Freunden machen, auch körperlich alle Voraussetzungen mit, um dieses Abenteuer mit dir gemeinsam zu einer prima Erfahrung werden zu lassen? Oder wirst du sie durchschleppen, womöglich sogar irgendwann zurücklassen müssen? In beiden Fällen: kein Spaß!

Der nächste Schritt: Sprecht einen Termin ab. Eiert nicht lange rum, schafft Tatsachen. Überlegt: Was benötige ich für eine spezielle Ausrüstung? Schreibt es auf, damit es jeder schwarz auf weiß hat, macht Checklisten. Wie sieht der Tourenplan aus? Was ist mir und den anderen wichtig auf dieser Tour? Was ist das Ziel, was steht im Vordergrund des Trips? Okay, wenn ihr einfach nur mal zusammen durch den Wald laufen und am Abend ein paar Würstchen grillen wollt, wäre das ein wenig übertrieben. Ich rede hier selbstverständlich von der Planung größerer Touren, echter Abenteuer.

ZWISCHENSCHRITTE

Zu einer guten Planung gehört auch, sicherzustellen, dass man sich da draußen in der Natur gut orientieren kann. Früher mag das einmal ein Problem gewesen sein, doch in Zeiten von GPS muss man sich schon recht dusselig anstellen, um in Europa verloren zu gehen. Trotzdem sollte man nicht erst zum Start des Trips zum ersten Mal auf den Tourenplan schauen, in dem Bewusstsein, dass das GPS-Gerät schon alles richten wird. In der Regel wird das zwar genau so sein, aber Technik ist – wie wir alle wissen – manchmal sehr eigenwillig. Sie fällt aus. Immer wieder. Und dann? Dann sollte man sich besser schon im Vorfeld einen groben Überblick darüber verschafft haben, wo man sich überhaupt befindet und wohin man will. Ich habe auf meinen Trekkingtouren oft einen GPS-Track dabei, der mir genau zeigt, wo die Route entlangführt. (Zusätzlich beachte ich natürlich auch die Streckenmarkierungen und Schilder, wenn es sich um einen offiziellen Weg handelt.) Trotzdem habe ich immer auch ganz *old school* eine Karte dabei und weiß, in welche Himmelsrichtung wir uns gerade bewegen. Zu viele Unwägbarkeiten können eine in der Theorie simple Strecke zu einem tückischen Labyrinth machen. Viel hängt auch mit den Gegebenheiten vor Ort zusammen. Ist es neblig? Wie weit kann ich im Wald sehen? Laufe ich querfeldein? Wie ist die Vegetation?

All das gilt natürlich hauptsächlich für Trekkingtouren in der Natur und im Gelände. Beim Urbex sind ganz andere Dinge gefragt. Himmelsrichtungen und Streckenmarkierungen spielen da eher eine untergeordnete Rolle. Wenn ich nach Lost Places suche, habe ich meist ein Luftbild dabei. Auf diesem kann ich die verschiedenen Häuser-Varianten auf dem Gelände, das mich interessiert, gut erkennen. Ich habe auch schon unterirdische Fabriken und Bunkeranlagen entdeckt, die sich über viele Kilometer durch Felslandschaften erstreckten. GPS? Hier? Guter Witz. An solchen Orten gibt es natürlich keinen Empfang. Darauf sollte man vorbereitet sein und sich im günstigsten Fall mit einer Karte ausrüsten, falls man bei seinen Recherchen fündig geworden ist. Ist das nicht der Fall, gib es andere Möglichkeiten, sich in dunklen Kellern und Gewölben zu orientieren. Ich habe mir für solche gefährlichen Touren unter

DER PLAN

der Erde, bei denen das Risiko, sich zu verlaufen, nicht ausgeschlossen werden kann, kleine Wegmarkierungen gebastelt. Ziemlich einfach, aber absolut hilfreich.

So geht's: Du besorgst dir einfach eine große Menge Schlüsselringe, vielleicht so 30 Stück, je nachdem, wie viel Markierungen du haben willst. Diese Ringe kann man günstig im Internet bestellen. Dann habe ich mir einige Warnwesten besorgt, die darauf befindlichen Reflektorstreifen entfernt und in kleine Streifen zurechtgeschnitten, ca. 10 Zentimeter lang und 2 Zentimeter breit. Die Größe ist natürlich variabel, nur zu klein sollten die Streifen nicht sein. Jetzt legt man diese Streifen **um** den Schlüsselring und tackert die beiden Enden zusammen. Wichtig ist, dass die reflektierende Seite des Streifens nach außen zeigt. Die Ringe mit Reflektorstreifen kann man jetzt ganz einfach auffädeln oder in einen kleinen Beutel packen.

Warum nun überhaupt die Schlüsselringe? Reichen nicht die Streifen? Nein. Die Schlüsselringe garantieren mit ihrem Gewicht, dass die Markierung nicht wegfliegt – außerdem kann man sie so auch an einem Karabiner auffädeln. Wenn ich nun in einem großen Bunker oder einer anderen unterirdischen Anlage unterwegs bin und auf eine Kreuzung komme, lege ich so eine Markierung immer ein paar Meter in den Gang auf den Boden, aus dem ich gekommen bin. Durch die Ringe kann ich die Markierungen auch an einer Mauer weiter oben befestigen, um sie schon von weitem besser sehen zu können. Wenn man sich jetzt verlaufen sollte, kann man mittels Taschenlampe und der strategisch verteilten Reflektoren ganz einfach den Weg zurückfinden. Noch ein Vorteil: Die Dinger kann man auf dem Rückweg einfach wieder einsammeln und beim nächsten Abenteuer im Untergrund aufs Neue einsetzen.

Warum erzähle ich das alles in epischer Breite? Um euch zu beweisen, was für ein kreatives Kerlchen ich bin? Das auch, aber in erster Linie, um noch einmal zu untermauern, dass gute Planung entscheidend ist für das Gelingen eines Projekts. Hätte ich mich vorher nicht genauestens mit den Voraussetzungen in dem unterirdischen Gemäuer beschäftigt und mich schlicht aufs GPS verlassen, wäre mein Unter-Tage-Marsch entweder ins Wasser gefallen oder mit sehr großen Ängsten verbunden gewesen. In beiden Fällen: kein Spaß. Was ja irgendwie nicht der Plan war. Die Schlüsselringe und die Reflektorstreifen haben schon häufiger den Unterschied gemacht zwischen «dumm gelaufen» und «kein Problem». Und glaubt es mir, Leute: Fast jede der vielen Aktionen, die ich in den letzten Jahren unternommen habe, hatten ihre ganz eigenen Schlüsselringe und Reflektorstreifen. Ausführliche Planung selbst scheinbar harmloser Abenteuer mag zwar manchmal etwas mühsam erscheinen, ist aber unerlässlich. Und für den Fall, dass ihr das nicht aus meinem Mund glauben wollt, spendiere ich euch noch das Zitat eines Herrn, den ich zwar bislang nicht kannte, der sich aber zeitlebens offenbar mit ähnlichen Problemen herumgeschlagen hat. Ernst Freiherr von Feuchtersleben heißt er, gilt als Popularphilosoph und hat den treffenden Satz erdacht: «Pläne sind die Träume der Verständigen.» Kann man das besser sagen? Ich denke nicht.

DAS WETTER
WIE DIE UMSTÄNDE DA DRAUSSEN SELBST DIE BESTE PLANUNG BEEINFLUSSEN KÖNNEN. (UND WARUM REGEN, HITZE, KÄLTE DAZUGEHÖREN.)

Warum auch gute Planung ihre Grenzen hat, verdeutlicht wohl am besten einer von Woody Allens pointierten Sprüchen, der mir als Outdoor-Explorer schon immer gefallen hat: «Am zuverlässigsten unterscheiden sich die einzelnen Fernsehprogramme immer noch durch den Wetterbericht.» Wie wahr. Auf gefühlt jeder zweiten meiner Unternehmungen hat sich das Wetter nicht so entwickelt, wie es irgendein Meteorologe noch am Abend vorher im Brustton der Überzeugung vorausgesagt hatte. (Ich

hätte das gern mal mit einem Frosch im Glas gegengecheckt, nur um zu sehen, wer auf Dauer die bessere Quote hat.)

Zu Beginn meiner «Karriere» als Outdoor-Artist haben mich ergiebiger Niederschlag, Kälteeinbrüche im Mai und sonstige klimatische Überraschungen noch regelmäßig unvorbereitet getroffen. Inzwischen bin ich für die meisten denkbaren Wetterlagen gerüstet, auch wenn das mühsam ist und manchmal dazu führt, dass ich einige Kilo Ballast zu viel mit mir herumschleppe. Aber wenn ich vorher wüsste, **welchen** Teil meines Equipments ich zu Hause lassen darf, könnte ich auch die Lottozahlen des kommenden Wochenendes vorhersagen. Ich empfehle euch also: Stellt euch darauf ein, vom Wetter überrascht zu werden. Und genießt es, wenn ihr auf das Schlimmste vorbereitet seid und die Sonne 12 Stunden am Stück scheint. (Okay, es wird selten so sein ...)

Im Prinzip möchte man sich als Outdoor-Freund aber ohnehin nicht allzu sehr vom Wetter gängeln lassen. Ich kann nur sagen: Das Wetter kann sowohl Freund als auch Feind sein, es kommt auf die Umstände und vor allem auf die innere Haltung an, die man den natürlichen Gegebenheiten entgegensetzt. Ihr kennt ja sicher auch die Binsenweisheit, die auf jedem AOK-Kalender (und in jedem Globetrotter-Outdoor-Laden) zu finden ist: «Es gibt kein schlechtes Wetter, es gibt nur unpassende Kleidung!» Stimmt natürlich, ist aber nicht allein entscheidend für das Wohlbefinden in freier Wildbahn. War von euch schon mal jemand in England und hat junge Mädchen in Manchester oder Liverpool an einem Freitagabend bei Nieselregen und acht Grad über null in kurzen Röcken ohne Strümpfe auf High Heels in Partystimmung herumhuschen sehen? Ein Anblick für die Götter. Nicht der Ansatz eines Fröstelns ist ihnen anzumerken, während mir schon beim Zuschauen kalt wird.

Ich habe in den letzten Jahren immer wieder Menschen getroffen, die bei diesem Thema komplett verschieden ticken. Jeder hat sein ganz eigenes inneres Thermometer und dementsprechende Vorlieben. Ich kenne Outdoor-Abenteurer, die sich im Eis Skandinaviens zu Hause fühlen und vor Kraft dampfen, je niedriger die Temperaturen werden, die aber selbst im harmlosen deutschen Sommer bei 25 Grad aufwärts erschöpft und bewegungslos in den Lounge-Seilen hängen. Und die umgekehrten Fälle gibt's natürlich auch. Was mich selbst angeht, würde ich behaupten, dass ich im Prinzip sowohl mit Kälte als auch mit Hitze ganz gut klarkomme, aber dass mir der plötzliche Wechsel der Extreme gerne mal Probleme macht. Auf unserer Alpenüberquerung, von der ich ja schon erzählt habe, hatten wir es mit heftigen Temperaturschwankungen zu tun: Morgens sind wir auf dem Berg bei minus vier Grad im dicken Pullover gestartet; im Laufe des wunderschönen sonnigen Tages stiegen die Temperaturen bis auf 38 Grad an, und wir schwitzten ächzend in das dünne T-Shirt hinein, das wir noch am Leib trugen. Die Sonne brutzelte uns so stark ins Gesicht, dass sogar die Sonnencreme zum Einsatz kam, die wir vorsichtshalber eingepackt hatten. Gute Planung ...

In Interviews mit der Presse oder auch von Leuten, die ich neu kennenlerne und denen ich von meinen Abenteuern an der frischen Luft erzähle, höre ich immer wieder mal die Frage: «Wie machst du das denn

eigentlich im Winter? Machst du da Pause? Da kann man ja nicht draußen schlafen.»

Tja. Wäre das so, hätte ich als Outdoor-Explorer in Deutschland nur eine kurze Saison. Für mich persönlich gibt es keine unpassende Jahreszeit. Ich bin 12 Monate im Jahr unterwegs und sehe auch kein Problem darin – vielleicht hängt das wieder mit der persönlichen Komfortzone zusammen. Im Winter bin ich auch bei Schnee und minus 15 Grad auf meinen Touren unterwegs, im Herbst beinahe zwangsläufig auch bei strömendem Regen oder stürmischem Wind. Es ist nicht einmal so, dass ich mich in solchen Momenten besonders überwinden müsste, im Gegenteil: Ich mag extreme Bedingungen, weil sie eine Herausforderung für mich sind, ich würde sogar sagen, dass ich sie förmlich genieße.

An einem Tag in der ersten Woche unserer Alpenwanderung regnete es besonders stark. Über der Baumgrenze wurden die Bedingungen immer unwirtlicher, es wurde richtig stürmisch. Ich weiß noch genau, dass die Regentropfen über mein Gesicht krochen wie dicke Würmer, der Wind pfiff in meinen Ohren, die Nässe kämpfte sich Zentimeter um Zentimeter

ZWISCHENSCHRITTE

an meinen Hosenbeinen hoch. Und ich ... fand diesen Moment absolut geil. Ein unvergleichliches Gefühl, die Natur am eigenen Leib zu spüren und auch zu wissen: Das halt ich aus. Damit komm ich klar!
Mein Sichtfeld wurde immer kleiner, zudem war schlagartig Nebel aufgekommen. Ich konnte gerade noch den Weg vor mir erkennen und kämpfte mich Stück für Stück voran. Ich weiß nicht, wie es euch geht, aber für mich sind es im Nachhinein nicht die lockeren und heiteren Passagen, die mir von meinen Touren im Gedächtnis bleiben. Es sind immer die härteren Phasen des Kampfes und der Entbehrung, die sich tief in mein Gedächtnis brennen und die so manches Erlebnis im Nachhinein erst zu einem echten Abenteuer machen.
2015 wanderte ich mit ein paar Freunden in den Ostalpen, unser Ziel war der Königsjodler Klettersteig. Wer nicht weiß, was das ist: Der Königsjodler Klettersteig wurde erst 2001 errichtet, er gilt als der wohl schwierigste Klettersteig am Hochkönig und ist definitiv der längste in der ganzen Salzburger Region. Der Klettersteig überwindet auf 1700 Klettermetern die Teufelshörner, den Kematstein und endet am Hohen Kopf. Er zieht sich über atemberaubende Schluchten wie den Jungfrauensprung oder die Teufelsschlucht. Sportlich auf jeden Fall eine echte Herausforderung, aber auch unter touristischen Aspekten toll. Landschaftlich ist der Steig wahnsinnig reizvoll und sein Panorama unschlagbar. Kurz gesagt: Er gehört aufgrund seiner extremen Länge in großer Höhe zu den schwierigsten Sportklettersteigen der gesamten Ostalpen.
Wir starteten nachts in völliger Dunkelheit. Es war gerade mal 4:30 Uhr, der kleine Lichtkegel unserer Kopflampen wies uns leidlich den Weg, nur unser eisiger Atem war immer wieder im Lichtschein zu erkennen. Schon die ersten Höhenmeter in Richtung Einstieg waren nicht ohne: Wir waren noch nicht einmal am Klettersteig angekommen, und schon pfiffen unsere Lungen den River-Kwai-Marsch. Für mich war das damals der erste Alpine Steig überhaupt. Ich war natürlich ziemlich aufgeregt. Als es dann immer steiler wurde, durchbrachen wir die Baumgrenze. Auf kleinen Schotterwegen kämpften wir uns immer weiter nach oben, während sich der Himmel langsam bläulich färbte. Die blaue Stunde be-

DAS WETTER

gann – eine unwirkliche, ja magische Atmosphäre um uns herum, das Licht diffus, ein wenig sinister, aber auch glänzend und glimmernd wie ein faseriger Blitz tief unter Wasser. Ich bezweifle, dass es vielen anderen Touristen vergönnt ist, begleitet von einer derart besonderen Stimmung in den neuen Tag hineinzuwandern, ganz einfach, weil sie sich nie so früh aus den Federn kämpfen würden. Ich erwähnte es ja schon einige Male, und dies ist ein guter Moment, es erneut zu tun: Solche perfekten Momente werden einem nur geschenkt, wenn man dem Leben auch eine Chance dazu gibt.
Es wurde schlagartig ziemlich neblig, bis ich bemerkte, dass wir gerade mitten durch ein Wolkenfeld wanderten. Auch das war für mich neu und beeindruckte mich sehr. Oben angekommen auf dem Plateau, waren es nur noch wenige Meter bis zum Einstieg in den Klettersteig. Wir frühstückten und bereiteten uns mental schon auf die bevorstehende Tour vor. Nach einigen Minuten verloren sich die Wolken am Horizont, und hinter einem Felsmassiv kam ein brennender Feuerball zum Vorschein. Die Sonne leuchtete kraftvoll und an den Rändern beinahe vibrierend, sodass sie die ganzen Wolkenfelder und Felsvorsprünge um uns herum in warmes, kräftiges Orange hüllte.
Dort oben sah man nun auch schon die ersten schneebedeckten Felsenspitzen, durch die der Klettersteig führte. Schnee? Im Hochsommer? Kein guter Moment und kein guter Ort, um ängstlich zu werden. Aber hatten wir denn nicht extra bis zum Hochsommer gewartet, um genau das – nämlich Schnee – hier nicht zu haben? War das nicht gefährlich? Würde es rutschig sein? War das jetzt eine dieser Situationen, in denen ich besser umgekehrt wäre, in der ich besser entschieden hätte: Nein, das machst du nicht? Möglich. Möglich, dass ich auch einen Moment darüber nachgedacht habe, den Steig zu verweigern. Ich glaube, auch damit wäre ich klargekommen, auf mein Bauchgefühl konnte ich mich bis jetzt eigentlich immer ganz gut verlassen. Doch dieses Mal entschied ich, weiterzumachen.
Nachdem die Entscheidung gefallen war, konzentrierte ich mich nur noch auf das, was vor mir lag. Das ist ganz wichtig: Ihr werdet immer

ZWISCHENSCHRITTE

wieder mal in eine Situation kommen, die eine Entscheidung verlangt. Das ist ganz normal, niemand weiß immer und in jeder Situation, was zu tun und was richtig ist. Manchmal sind die Dinge einfach nicht klar. Doch in dem Moment, in dem eine Entscheidung gefallen ist, darfst du keinen Zweifel mehr haben und dich nicht von irritierenden Gedanken ablenken lassen. Blick nach vorne. Geh nach Hause und freue dich darüber, dass du eine erwachsene, reife Entscheidung getroffen und keinen falschen Stolz entwickelt hast. Oder achte nun konzentriert auf jeden deiner Tritte, auf das Stahlseil und deine Sicherung, so wie ich es an diesem Morgen tat. Nicht einmal litt ich im Verlauf des Weges unter einer Höhenangst-Attacke, obwohl es teilweise Hunderte Meter links und rechts runter ins Tal ging und ich das unter meinen Füßen besser sehen konnte, als mir zu diesem Zeitpunkt lieb war.

Es war eher ein dauerhaftes Glücksgefühl, das meinen Weg im Steig begleitete. Ich fühlte mich absolut frei dort oben und kletterte übermütig von Vorsprung zu Vorsprung auf den Felsen, stets im Wechsel bergauf und wieder bergab. Der Schnee wurde immer mehr, ich registrierte, dass die Drahtseile vereist waren. Auf einer lang gezogenen Passage mussten wir uns von einem Stahlseil auf die andere Seite eines Bergstückes hangeln. Das war anstrengend, aber nicht anstrengend genug, um uns den Blick auf ein atemberaubendes Panorama rings um uns herum zu verwehren. Dieser Moment setzte unserer Tour die Krone auf. Wir hatten von dieser Stelle schon gehört und uns darauf gefreut, aber was wir dann vor Ort fühlten, hatten wir so nicht erwartet und ist auch nach wie vor mit Worten kaum zu beschreiben. Ich musste immer mal wieder kleine Pausen einlegen, um diesen Ausblick und die Natur um mich herum zu genießen, auch weil ich nicht wollte, dass dieser Moment vorbeiging. Surreal, nicht von dieser Welt.

Ich kam mir vor wie in einem Film, und diesmal war's sogar der richtige. Felslandschaften, überdeckt von Schnee, der in der Sonne funkelte. Und immer wieder Wolkenfelder, durch die wir kletterten. Nach etwas über 8 Stunden erreichten wir das Ende des Königsjodler Klettersteigs. Von hier hatten wir noch gut 2 Stunden Fußmarsch durch den Schnee vor uns, wir gingen bis zum Gipfel zu einer Hütte, auf der wir übernachten wollten. Unsere Wege wurden von gewaltigen Eiszapfen gesäumt, und immer wieder mussten wir nach wenigen Schritten pausieren. Nicht bloß, um die Eisskulpturen zu bewundern, damals war ich noch nicht ganz so fit wie heute, und der Sauerstoffgehalt in der Luft ist in dieser Höhe schon deutlich geringer. Das merkt man übrigens auf dem kompletten Klettersteig, was es nicht einfacher macht, ihn zu wandern.

Am Ziel angekommen, klatschten wir uns ab und setzten uns einen kurzen Moment vor die Hütte, jeder mit sich und seinen Gedanken allein. Es war ein absolut krasses Gefühl, diesen Weg geschafft zu haben. So musste sich pures Glück anfühlen.

Anschließend ließen wir den Abend entspannt ausklingen, begleitet von einem absolut phantastischen Sonnenuntergang. Man sah keine Dörfer mehr und auch keine grünen Wälder. Alles war eine einzige Felslandschaft, als wären wir auf einem fremden Planeten.

WENN NICHTS MEHR GEHT
... GEHEN IMMER NOCH ZWEI STUNDEN. ODER 10 KILOMETER. VOM AUFGEBEN UND WEITERMACHEN.

Ich gebe euch mal ein gutes Beispiel dafür, was man mit Hilfe psychologischer Tricks und dem Glauben an sich selbst alles schaffen kann. Habt ihr sicher auch schon von gehört: Menschen laufen über brennende Kohlen, ohne sich zu verletzen oder sich auch nur Schmerzen zuzufügen. Einfach weil sie daran glauben. So ein Feuerlauf wird gerne von Motivationstrainern als Referenz dafür angeführt, was man mit reiner Willenskraft alles erreichen kann. Christoph Daum, der ehemalige Trainer des FC Köln, ließ seine hochbezahlten Fußballprofis im Trainingslager sogar tatsächlich einmal über brennende Kohlen und Glasscherben

laufen. Ziel der Übung: Er wollte seinen Spielern vermitteln, dass es für sie keine Grenzen gibt und alles möglich ist. Alles. Nun, die Kickerstelzen blieben tatsächlich unverletzt, der FC Köln ist aber trotzdem nicht deutscher Meister geworden. Offenbar gab's da doch die eine oder andere Leistungsgrenze.

Ich selbst bin noch nie über Feuer gelaufen, bin mir aber sicher, dass ich das tun könnte, wenn die Umstände es erfordern. Nur so aus Spaß fände ich das albern – was soll das bringen? Ich muss niemandem beweisen, was für ein toller Hecht ich bin, ich suche echte Erfahrungen. Sollte mir allerdings auf einer meiner Trekkingtouren einmal ein überdimensionaler umgekippter Grill mit glühenden Kohlen den Weg versperren, würde ich das Wagnis wohl eingehen. Weil ich selbstbewusst genug bin? Das auch. Aber in erster Linie, weil ich weiß, dass Holz, Asche oder Kohle schlechte Wärmeleiter sind. Nennt es Nerd-Wissen, aber so ist es: Kohle braucht eine ganze Weile, um die Gegenstände, mit denen sie in Berührung kommt, seriös zu erhitzen. Länger jedenfalls, als ein Fuß benötigt, um über brennende Kohle, Glut oder Holz zu laufen. Länger als eine halbe Sekunde hat der Fuß ja gar keinen Kontakt mit der Kohle und der darüber liegenden Ascheschicht. Nur wer das nicht weiß – so behaupten es die Experten – und wer ohnehin Angst vor diesem Lauf über die Kohlen hat, spürt die Schmerzen wirklich und verstärkt sie sogar. Fazit: Wer so einen Feuerlauf locker bewältigen will, sollte furchtlos sein und an seine Stärke glauben. Insofern hat es tatsächlich auch mit der inneren Einstellung zu tun, wie so eine Mutprobe verläuft, und nicht bloß mit reiner Physik.

Ich erzähle das an dieser Stelle, weil es ein gutes Beispiel dafür ist, was einem Outdoor-Sportler wie mir da draußen in der Welt immer wieder passiert. Auch wenn meine «Mutproben» meistens nicht so spektakulär wie ein Feuerlauf sind. Aber auch bei einem Abstieg in einen 30 Meter tiefen Lichtschacht in totaler Finsternis, beim Schlafen auf einem Felsvorsprung oder beim Tauchen durch einen unterirdischen Tunnel kommt es zu einem großen Teil darauf an, zu wissen und darauf vorbereitet zu sein, was einen erwartet. Für das überschaubare Restrisiko, das in solchen Momenten immer mit dabei ist, braucht es dann den Mut und den – oben zitierten – Glauben an die eigene Stärke.

Ich behaupte: Wenn nichts mehr geht auf einer Trekkingtour, einem Marathon oder einem anstrengenden Bergaufstieg, ist meistens der eigene Kopf schuld. Wenn der Kopf zweifelt, werden die Beine lahm. Ein Beispiel: Auf unserer Alpenüberquerung erlebte ich einige Momente, in denen ich am Sinn dieser ganzen Unternehmung zweifelte. Meine Motivation war am Tiefpunkt, am liebsten hätte ich mich in den Zug gesetzt und wäre nach Hause gefahren. Ich habe zuerst nicht gewusst, woran das lag. Klar, körperlich war der Marsch zuweilen eine Tortur, aber ich hatte schon anstrengendere Touren geschafft, war auch auf halber Strecke schon deutlich erschöpfter vor mich hingewackelt. Was also war es, das mich so zermürbte? Im Rückblick habe ich erkannt: Es lag daran, dass ich das Ziel unseres Trips nicht vor Augen hatte – ich wusste nur, dass wir die ganze Alpenüberquerung in etwa 30 Tagen schaffen wür-

ZWISCHENSCHRITTE

den. In 30 Tagen! Das kann einen Menschen schon wahnsinnig machen, der bereits seit sieben Tagen über Stock und Stein gewandert ist und dem so langsam jeder Knochen schmerzt. Dieses vage Bewusstsein, das alles immer wieder und immer weitermachen zu müssen, kann selbst den härtesten Trekker mental aus der Bahn werfen. So eine Alpenüberquerung funktionierte anders als meine üblichen Touren von übersichtlichen vier bis fünf Tagen. Da wandert man einfach los und quält sich vielleicht auch wie nichts Gutes, hat aber das Ziel beim Start schon fast wieder vor Augen. Motivationsprobleme treten während so einer überschaubaren Reise kaum auf.

Bei der Alpenüberquerung hingegen gab es erst mal gar nichts Fassbares, an dem ich mich hätte festhalten können. Stattdessen immer nur diese tiefen Seufzer aus dem Inneren meines geschundenen Körpers. «Boah, noch nicht einmal ein Drittel ...», wimmerte es am siebten Tag aus mir heraus, «Boah, noch nicht einmal die Hälfte ...» am nächsten Tag. Und so ging das in einem fort, zudem spielte in der ersten Hälfte unserer Wanderung das Wetter nicht mit. Ich hatte es ja bereits erwähnt: Darauf muss man sich immer einstellen. Wenn allerdings das ohnehin schlechte Befinden auch noch durch klimatische Unverschämtheiten verstärkt wird, hilft die beste mentale Voreinstellung nichts – die Stimmung hängt im Souterrain herum. Erst nach Tag neun oder zehn hatte ich einen passablen Dreh gefunden, mich neu zu triggern und den Marsch erträglich erscheinen zu lassen: Ich setzte mir jeden Tag viele kleine Ziele, chronologisch geordnete Etappenziele. Ich visualisierte etwa die nächste Pause, die Hütte, die wir an dem Tag erreichen würden, die belohnende Dusche (sofern vorhanden) oder das zünftige Abendmahl in der Hütte, vielleicht vor einem lodernden Kamin. Auch die Gespräche mit meinen Freunden halfen mir enorm, die Strapazen des Marsches für ein paar Stunden auszublenden. Dafür ist man ja doch unterwegs: Natur zu erleben, Abenteuer zu bewältigen, und das alles zusammen mit seinen Freunden! Ich habe selten so intensive Gespräche mit meinen Leuten geführt wie auf solchen Gewaltmärschen, oft bei plätscherndem Regen oder Eiseskälte.

WENN NICHTS MEHR GEHT

Es gibt natürlich noch mehr Tricks, um sich auf unattraktiven, anstrengenden Teilstücken einer Trekkingtour abzulenken. Ich habe zum Beispiel angefangen, Hörbücher zu hören. Wenn einem Jon Krakauer von seinen dramatischen Erlebnissen am Mount Everest erzählt wie in seinem packenden Tatsachenbericht *In eisige Höhen*, sieht man die eigenen Strapazen auf der Wanderung über die Alpen doch ein klein wenig entspannter und nimmt sich und seine Befindlichkeiten nicht mehr ganz so wichtig. Zur Not bringt einen aber auch ein Surferroman von Don Winslow ganz prima über den Berg. Es kommt nicht darauf an, was man hört, solange es gut ist – Hauptsache, man strengt seinen Kopf ein wenig an und verliert sich nicht in wirren, verstörenden Gedankenmonologen. Und die kommen zwangsläufig auf langen Strecken, das kann ich euch versichern. Eine besondere Vorliebe von mir ist es, auf Wanderungen Biographien von klugen, erfolgreichen oder charismatischen Menschen anzuhören. Das motiviert mich immens. Es ist vielleicht ein wenig speziell und nicht jedermanns Sache, aber mich treiben solche Erfolgsgeschichten an.

Später fing ich an, mich für bestimmte Streckenabschnitte mit kleinen kulinarischen Schätzen zu belohnen. Ich füllte mir zum Beispiel eine Großpackung Studentenfutter in meine Hosentasche und genehmigte mir in regelmäßigen Abständen eine einzige elende Nuss. Interessantes Prinzip, man lernt die Einzelnuss ganz neu zu schätzen. Und lernt außerdem, dass man mit einer einzigen Packung Studentenfutter sehr, sehr lange auskommen kann.

Das sind alles kleine Techniken, um ein langwieriges, kompliziertes Projekt gut zu überstehen und nicht schlappzumachen, weil man der vermeintlichen Größe des Vorhabens nicht gewachsen ist. Merkt euch: Habt auf solch einer Tour nicht stets das große Ganze vor Augen, sondern schafft euch viele kleine Inseln, steckt euch überschaubare, kurzfristige Ziele – und genießt es, wenn ihr sie erreicht, eins nach dem anderen. Ihr werdet überrascht sein, wie schnell ihr dann schließlich auf der letzten Etappe angekommen seid, ohne auf dem Weg dorthin zu verzagen und zu versagen.

Gesegnet allerdings sind jene, die das alles nicht nötig haben ... Falls in diesem Kapitel der Eindruck entstanden sein sollte, dass so eine Trekkingtour vor allem mühsam und entbehrungsreich ist, dann ist das natürlich nur die dunkle Seite des Mondes. Ich möchte wirklich niemanden abschrecken. In Wahrheit – und das solltet ihr auch in der unkomfortabelsten Situation bei euren Outdoor-Abenteuern nie vergessen – sind wir da draußen doch alle privilegiert, weil wir in dieser herrlichen Natur unterwegs sein dürfen. Meistens brauche ich auch all die mentalen Survival-Tricks gar nicht, über die ich im ersten Teil dieses Kapitels geschrieben habe, weil mich die Natur, weil mich die Berge ohnehin in ihren Bann ziehen und Motivation genug sind. Wer einmal einen Sonnenuntergang auf einem Gipfel erlebt hat, denkt nicht mehr darüber nach, was er für diesen Anblick in den vergangenen Stunden oder Tagen an

WENN NICHTS MEHR GEHT

Entbehrungen und Verdruss in Kauf nehmen musste. Nein. Wer so etwas erlebt, sollte einfach nur glücklich sein und mal für einen Moment dem Schöpfer danken für so ein Erlebnis. Oder wen auch immer er dafür zuständig hält.

DAS PROJEKT

«Wer jedes Risiko ausschalten will,
der zerstört auch alle Chancen.»
Hans-Olaf Henkel

EINE KLEINE VORBEMERKUNG:
WAS ES MIT DEM EHRENKODEX
DER LOST-PLACES-ABENTEURER
AUF SICH HAT

In diesem Kapitel möchte ich euch erläutern, wie ein Lost-Places-Projekt von mir in der Regel abläuft. Von A bis Z, von der Idee bis zur Planung, vom Moment der Abreise bis zu dem Augenblick, in dem ich wieder zurück nach Hause komme und mich im besten Fall müde, aber beseelt von den vielen gewonnenen Eindrücken aufs Bett fallen lasse. Ich habe mir dafür eine komplexe Lost-Places-Expedition ausgesucht, die mich sehr beeindruckt hat, aus mehreren Gründen. Ich würde euch gern detailliert erklären, warum das so war, muss allerdings gleich vorausschicken: Ich werde einige Fragen offenlassen. Das hat nichts mit Faulheit oder Geheimniskrämerei zu tun, sondern mit dem Ehrenkodex, der uns Lost-Places-Abenteurern sehr wichtig ist. Wir sprechen nicht öffentlich darüber, wo genau die Plätze zu finden sind, die wir aufgesucht haben. Ich vermeide es auch in meinen YouTube-Filmen, Hinweise auf den konkreten Ort des Geschehens zu liefern. Wir möchten einfach verhindern, dass zu viele Menschen von diesen Lost Places erfahren, und vor allem jene Leute von diesen Plätzen fernhalten, die ihnen nicht den notwendigen Respekt entgegenbringen.
Wir möchten die verlassenen Bunker, die unterirdischen Fabriken oder verwaisten Krankenhäuser aufspüren, um sie mit unseren Filmen und Fotos für die Ewigkeit zu dokumentieren – wir machen ihnen sozusagen unsere Aufwartung. Was wir aber sicher nicht wollen, ist, dass durch

DAS PROJEKT

unsere Hinweise Leute angelockt werden, die dort bloß Verwüstung und Chaos hinterlassen und die Aura eines solchen Ortes nachhaltig zerstören. Selbstverständlich nehmen wir auch nichts mit von dem, was wir an den verlassenen Orten finden, und sei es auch noch so reizvoll. Auch das gehört zu unserem Ehrenkodex: Wir bilden ab, was wir sehen, aber wir verändern nichts.

DAS IST ES!
WARUM DIESES PROJEKT?
WARUM SO? (UND: WIE DENN?)

Es begann mit einem Anruf aus dem Freundeskreis. Ich bin in der Urban-Explorer-Szene inzwischen ganz gut vernetzt, unter uns gibt es so gut wie keine Konkurrenz. Viele Urbexer kennen und schätzen sich, und wenn wir uns gegenseitig helfen können, tun wir das. Soweit ich mich erinnere, erhielt ich diesen Anruf von einem anderen Urbexer Ende 2014. Es gebe da eine riesige unterirdische Fabrik mit annähernd 15 Kilometer Stollengängen, die sei schon länger nicht mehr in Betrieb. Angeblich seien diese Stollen schon zur Zeit des Zweiten Weltkrieges ins Erdreich gegraben worden, aber später auch von der NVA genutzt und dann schon bald nach der Wende verlassen worden.

Das klang nach einer Herausforderung. Ich begann noch am nächsten Tag mit der Recherche im Internet. Meine Freunde hatten mir die Koordinaten dieses Lost Place mitgeteilt und berichtet, dass es einen freien Zustieg in die Stollen geben müsse. Noch wichtiger war allerdings die Information, unter welchem Decknamen das Gelände von offiziellen Stellen codiert wurde, als es noch in Gebrauch war. Ich googelte den Namen (den ich hier leider aus den erwähnten Gründen nicht nennen kann) und war gleich geflasht: Was für ein gigantisches Gebiet! Und was für eine Geschichte. Ich las im Internet, dass die besagte unterirdische

Fabrik annähernd 60 000 Quadratmeter groß ist und in ihr einmal Triebwerke für Hitlers Flugzeuge gebaut werden sollten – abgeschirmt von der Öffentlichkeit und den Alliierten, die nicht wissen sollten, was da unter der Erde im Feindesland vor sich ging. Man bekommt eine Vorstellung von den gigantischen Ausmaßen dieser unterirdischen Fabrik, wenn man weiß, dass darin sogar Güterzüge fahren konnten. Besonders berührt hat mich aber die Information, dass dieser Metastollen hauptsächlich von Kriegsgefangenen und Insassen eines Konzentrationslagers in der unmittelbaren Nähe gebaut worden war. Und dass dabei annähernd 4000 Menschen ihr Leben verloren hatten. Zynisch nannte man das damals: «Vernichtung durch Arbeit». Ein dunkles Kapitel deutscher Geschichte.

Nachdem ich mich ein wenig in die Materie eingelesen hatte, stand für

DAS PROJEKT

mich fest: Da musst du rein. Anders als bei überirdischen Zielen habe ich bei Expeditionen in die Unterwelt immer ein beklemmendes, angespanntes Gefühl, dagegen kann ich mich bis heute nicht schützen: Es steckt ein besonderer Reiz darin, in die Unterwelt hinabzusteigen, der Ruch der Gefahr, wenn man so will. Dass auf YouTube sogar ein ZDF-Film über die besagte unterirdische Fabrik existierte, mit dem dramatischen Kommentar «Es gibt nur drei Zugänge in diese dunkle Welt von verblüffenden Dimensionen ...», hat das Projekt für mich nicht weniger reizvoll gemacht. Alles daran klang irgendwie geheimnisvoll, düster und, ja, verlockend.

Ich habe dieses Projekt mit meinen Freunden zusammen ungefähr zwei Monate vorbereitet. Das ist verhältnismäßig kurz, wenn man bedenkt, dass die Planung unserer Alpenüberquerung von der Idee bis zur Realisierung etwa anderthalb Jahre gedauert hat. Aber beim Alpenprojekt musste ich ja nicht nur alles über die Strecke und die vielfältigen Hürden wissen, die wir überwinden mussten, sondern auch meinen Körper auf die extreme Belastung vorbereiten. Für das Urbex-Abenteuer in der unterirdischen Fabrik war das nicht nötig. Da galt es eher, die richtigen Leute anzusprechen und sie dazu zu bewegen, mich zu begleiten. Ich mache solche Touren prinzipiell nicht allein. Schon deshalb, um im Unglücksfall Hilfe an meiner Seite zu haben. Aber auch, um die vielen Eindrücke, die ich an solchen Plätzen gewinne, mit Freunden besprechen und teilen zu können. Es ist wichtig, die richtigen Begleiter für so eine Tour auszuwählen. Leute, die schon eine gewisse Erfahrung in Urban Exploring mitbringen, die immer konzentriert bleiben und wissen, was zu tun ist. Freunde, die das alles mit dem nötigen Ernst angehen, Leute, auf die man sich verlassen kann. Natürlich sollte so ein Unternehmen auch Spaß machen – aber das muss ja im Gebäude oder unter der Erde nicht durch lautes Johlen oder Gelächter wie im Schwimmbad zum Ausdruck gebracht werden. Ich bin da ganz bei dem Urbexer Roman, der auf der Website Der schwarze Planet über die Faszination von Lost Places schrieb und bekannte, dass seine Motive, solche Plätze zu besuchen, durchaus «romantischer Natur» seien: «Der Drang zum

Obskuren, die Flucht vor der Rationalität, das Bewusstmachen von Vergänglichkeit sind klassisch romantische Themen.» Volle Zustimmung. Und es sind Themen, denen man sich mit Respekt, mit stiller Achtsamkeit und Zurückhaltung nähern sollte. Die Guten unter uns empfinden das genauso.

GO!
DER PLAN STEHT. ES GEHT LOS. (UND WIE DAS LEBEN GERN MAL GANZ ANDERE PLÄNE HAT.)

Ich träume, dass irgendwo in meinem Zimmer ein Wecker bimmelt. Es ist ein wirklich lästiger Traum, und er dauert ziemlich lange. Irgendwann werde ich wach und bemerke, dass auch mein zweiter Wecker inzwischen seine Tätigkeit aufgenommen hat. Er ist keiner von der lauten Sorte, aber er macht ein Geräusch, als ob jemand mit einer Drahtbürste über eine Schiefertafel kratzt, während im Hintergrund ein Verstärker brummt. Schreckliche Kombination. Augenblicklich bin ich wach. 5:30 Uhr. Unter normalen Umständen keine Zeit, um übers Aufstehen nachzudenken. Aber heute ist nichts normal. Heute ist *der* Tag.
Ich schleppe mich mit halb geschlossenen Augen unter die Dusche. Kalt, warm, kalt. Langsam regen sich meine Lebensgeister. Ich denke kurz darüber nach, was ich noch alles erledigen muss. In fünf Minuten will ich aufbrechen. Ich packe meine Unterlagen zusammen, alles, was ich in den letzten zwei Monaten über das Objekt unserer Begierde in Erfahrung bringen konnte. Ich bin nervös, aber auf eine gute, vorfreudige Art und Weise. Das muss so sein, wenn diese Anspannung mal nicht mehr da sein wird, suche ich mir sofort ein anderes Hobby.
Mit Mühe würge ich noch eine Scheibe trockenen, labbrigen Toast ohne alles herunter. Auf dem Weg zum Auto durchfährt mich ein Schreck:

DAS PROJEKT

Habe ich das Back-up-Kommando angerufen? Wenn wir auf eine Tour mit einem gewissen Risiko gehen, melden wir uns bei Freunden aus der Szene ab, die uns bei diesem Projekt nicht begleiten. Damit stellen wir sicher, dass im Notfall da draußen in der richtigen Welt Leute existieren, die von unserem Vorhaben wissen. Melden wir uns nicht innerhalb einer gewissen Frist zurück bei ihnen, werden unsere Back-ups aktiv. Zum Glück war das bislang noch nicht nötig, doch es ist beruhigend, zu wissen, dass im Fall der Fälle – ein Erdrutsch, eine plötzlich verschlossene Tür – jemand nach uns sucht. Oder zumindest die Polizei benachrichtigt. Am Auto fällt es mir wieder ein: Klar, den Back-up-Anruf habe ich schon vor zwei Tagen erledigt. Und meine Ausrüstung habe ich am Abend vorher auch schon im Kofferraum meines Wagens deponiert. Es folgt ein kurzer Besserwisser-Exkurs, den ich euch nicht ersparen kann. Ich empfehle es immer wieder: Packt eure Sachen auf keinen Fall erst am Morgen der Abreise, egal ob ihr auf eine Fernreise, eine Bergtour oder einen Urbex-Trip geht. Erstens ist man da besonders nervös und hibbelig, weil es gleich losgeht. Zweitens gerät man – zumindest geht es den meisten von uns so – im letzten Moment immer in Zeitnot. Beides sind super Verstärker für die typischen Last-Minute-Fehler. Geldbörse liegen gelassen, Pass vergessen, statt der vorbereiteten Ausrüstungstasche schnell nach der (identisch aussehenden) Tasche gegriffen, in der all die Sachen sind, die man bei diesem Trip nun wirklich nicht benötigt. Lacht nicht – das alles ist schon den Besten passiert!
Kurz nach 6 Uhr an einem Sonntag im Dezember. Die Straßen sind leer gefegt. Kein Mensch weit und breit. Überall funkelt und blinkt die Weihnachtsbeleuchtung auf den Straßen und illuminiert meine Festtagsstimmung: Im Radio läuft leiser Jazz. Perfekt. Vereinzelt sehe ich Nachtschwärmer auf den Bürgersteigen nach Hause taumeln, mir fällt der Spruch ein, mit dem Harald Juhnke sein privates Glück definierte: «Keine Termine und leicht einen sitzen.» Ich muss grinsen. Keine Termine? Zum Glück schon. Wir hatten das Projekt «Fabrikeinstieg» Operation Nachtigall genannt. Das mag sich für Außenstehende ein wenig albern anhören, aber es ist sehr viel effektiver, ein Codewort für ein Pro-

jekt zu vereinbaren, als jedes Mal langatmig die Eckdaten des Vorhabens runterzubeten. (Und okay, es ist auch irgendwie aufregender, ein Codewort zu haben …) Diesmal also Operation Nachtigall. Wird alles klappen, so wie wir es uns vorgestellt und vorab geplant haben, so gut es ging? Werden wir ein Schlupfloch finden, durch das wir in die Unterwelt abtauchen können? Sind unsere gesammelten Informationen ausreichend? Wann? Wie? Wo? Wer? In meinem Kopf brummt es wie im Trafo einer Spielzeugeisenbahn.

Am Treffpunkt erwarten mich die üblichen Verdächtigen. Heute werden wir zu sechst losziehen, verteilt auf zwei Autos. Als wir uns begrüßen, sprechen wir nicht viel, aber unsere Anspannung ist spürbar. Immer wieder grinsen wir uns an, ein verschworener Haufen mit einem aufregenden Ziel. Auch wenn man sie im Vorfeld eines solchen Abenteuers nicht wirklich genießen kann, sind das doch Momente, die über den Tag hinaus bleiben: Freundschaft, Verbundenheit – in den Minuten bevor es losgeht und jeder konzentriert auf seine Aufgaben achtet, sind solche Gefühle besonders gut spürbar. Auch aus diesem Grund bin ich so gern Outdoor-Abenteurer: Ich bin dabei unter Freunden, die meine Leidenschaft verstehen und teilen.

Bei gedämpftem Licht und mit Kaffeegeruch in der Nase gleichen wir zum letzten Mal die wichtigsten Informationen unseres Vorgehens ab. Wir debattieren über mögliche Zugänge und die Größe des Areals. Schnell wird klar: Wenn wir auch nur die Hälfte des Gebietes in Augenschein nehmen wollen, müssen wir mehr Zeit einplanen als ursprünglich vorgesehen. Schließlich wollen wir das Objekt in vollen Zügen genießen, wenn wir es denn tatsächlich dort hineinschaffen. Mit zwei, drei Stunden vor Ort ist es nicht getan, das ist uns allen klar. Wir hatten vorher die Parkmöglichkeiten und die beste respektive unauffälligste Strecke bis zum Zugang ausgekundschaftet, bis hin zu den eigentlichen Eingängen. Doch sicher ist sicher: Wir besprechen noch ein paar Alternativen, um in heiklen Situationen ohne langes Palaver schnell reagieren zu können.

Ein letztes Mal checken wir auch unsere Ausrüstung. Wir haben besonders große Rucksäcke dabei, theoretisch sind wir für jedes Szenario ausgerüstet. Jetzt wäre der optimale Zeitpunkt, um noch etwas Ballast abzuwerfen. Aber das fällt uns schwer, zumal sich langsam herauskristallisiert, dass wir auf dem Gelände auch übernachten werden. Ein Schauer fährt mir über den Rücken, gleichzeitig bin ich euphorisiert: Wer noch nicht weiß, wie sich «Angstlust» im Körper bemerkbar macht, der kann ja mal drüber nachdenken, wie er es so finden würde, sich in einer gigantisch großen, verlassenen Industrieruine in einen Schlafsack zu wickeln und Schäfchen zu zählen ...

Ich erinnere mich an einen anderen Trip, der uns in einen riesigen Bunker geführt hatte, gar nicht lange her. Auch darin hatten wir übernachtet. Sofort kribbelt es wieder an meinem ganzen Körper, Flashback: Ich habe wieder diesen seltsam metallischen Geruch in der Nase, sehe die stählernen Türen vor mir, diese unglaublichen Dieseltanks und die verwinkelten Wartungsschächte des Bunkers. In Gedanken drifte ich für einige Sekunden ab und schwebe durch die Bunkerwelten meiner Erinnerungen, bis mich einer meiner Kollegen wieder in die Realität von Operation Nachtigall zurückholt.

«Was ist los, Fritz, noch ein bisschen Brain Yoga oder können wir dann mal los?»

DER EINSTIEG
WIR FAHREN HIN. WIR GEHEN REIN.
(VOM JAGEN UND VON JÄGERN.)

Wir biegen um die letzte Kurve, unser Treffpunkt kommt in Sicht. Wir sind endlich, endlich am Ziel. Wir sind als Erste losgefahren, die drei Jungs im anderen Auto sind noch nicht zu sehen. Um unsere Nervosität zu überspielen, steigen wir drei schon einmal aus und erkunden unauffällig die Umgebung. So unauffällig, wie das halt im Morgengrauen in einer fremden Straße und einer fremden Stadt geht. Wir sind hier mitten in einer Wohnsiedlung gelandet. Es steht zu befürchten, dass hier nicht jeden Tag ein paar junge Männer in dunklen Klamotten mit großen Rucksäcken vor den Haustüren herumlungern. Wir hoffen, dass die Bewohner um diese Uhrzeit noch keine Lust haben, aus ihren Fenstern zu schauen. Möglicherweise halten die uns ja für Einbrecher – oder ahnen, was wir vorhaben. Man kann schließlich davon ausgehen, dass die unmittelbaren Nachbarn der unterirdischen Fabrikanlage schon hin und wieder Lost-Place-Abenteurern begegnet sind. Außerdem ist es ziemlich kühl, auf Handzeichen steigen wir wieder in den Wagen und brechen unsere Späher-Aktion ab, nicht mal die Standheizung läuft. Lieber noch etwas bedeckt halten, bis unsere Nachhut eingetroffen ist.

Es dauert fünf, es dauert zehn Minuten. Keine Ahnung, wo der zweite Wagen bleibt. Nichtstun und Abwarten ist keine meiner leichteren Übun-

gen. Aber ich habe gelernt, dass es manchmal keine bessere Möglichkeit gibt, als die Füße still zu halten. Nicht nur in einer so banalen Situation wie dieser, nein, ganz generell im Outdoor-Geschäft. Das möchte ich euch an dieser Stelle einmal ausdrücklich mit auf den Weg geben: Im Zweifel hat es noch **nie** geschadet, in einer Konfliktsituation einen Moment ruhig zu bleiben und kurz über die Lage nachzudenken, statt loszupreschen und die ganze innere Anspannung in kopflose Bewegung umzusetzen. Auch wenn es sich im ersten Moment befreiend anfühlen sollte – dynamisches Voranpreschen ist meistens nur die zweitbeste Lösung eines Problems.

Endlich tauchen in unserem Rückspiegel zwei Scheinwerfer auf. Wir sind komplett. Schnell aus dem Auto, die Rucksäcke geschultert und los. Jetzt heißt es, keine Zeit mehr zu verlieren und so wenig Aufmerksamkeit wie möglich auf uns zu ziehen. Keine Taschenlampen, keine Gespräche, wir werden in unseren dunklen Hosen und Jacken beinahe vollständig von der Nacht verschluckt. Zum Glück gibt's hier auch keine Straßenlaternen. Der Mond spendet gerade genug Licht, damit wir den Weg unter uns erkennen. Das Risiko, bereits hier entdeckt zu werden, bevor wir überhaupt auf dem Gelände ankommen, ist nicht zu unterschätzen. Dank unserer Recherchen wissen wir, dass vor uns schon einige Leute versucht haben, in die Unterwelt der Exfabrik einzudringen, und nicht immer in harmloser Absicht. Wir wissen also gar nicht so genau, wie das Gebiet aktuell gesichert wird, da gab es im Vorfeld – vom Hund bis zum Wachdienst – unterschiedlichste Ansagen. Der wahrscheinlichste Fall war uns auch der liebste: Es gibt keinen permanenten Schutz des Geländes, wozu auch? Um uns paar Hansel davon abzuhalten, ein paar Fotos zu machen? Unwahrscheinlich. Aber wer weiß schon, wie Höhlenbesitzer ticken? Wir hatten gehört, dass das gesamte Gelände von einer Privatperson aufgekauft worden sei, von einem Anwalt. Was wissen denn wir, was der da treibt?

Wir gehen im Gänsemarsch einen schmalen Feldweg entlang, am Horizont taucht bereits der dichte Wald auf, der zu Kriegszeiten dafür gesorgt hatte, dass man die unterirdische Fabrik aus der Vogelperspektive nicht erkennen konnte. Plötzlich hören wir hinter uns ein Fahrzeug. Es klingt nicht wie ein Kleinwagen. Der Motor macht ein dumpfes, kraftvolles Geräusch, als hielte er sich nur mühsam zurück. Muss ein Geländewagen sein, und zwar einer mit richtig Krawums. Wir schauen uns kurz an und stürzen dann wortlos in Deckung, mitten hinein in den Entwässerungsgraben direkt neben dem Feld. Ein paar Sekunden später sehen wir auch schon die Scheinwerfer, die unseren Feldweg so grell ausleuchten wie eine Passfotokabine. Ein Fernlicht-Freund. Niemand von uns spricht ein Wort, wir atmen vermutlich sogar synchron aus Angst, zu viele Geräusche zu produzieren. Irgendwie ist das hier im Graben eine surreale Situation, wir sind ja im Grunde bloß sechs harmlose Jungs mit Rucksäcken, die eine Tour in den Wald unternehmen. Und trotzdem habe ich jetzt für ein paar Sekunden das Gefühl, ich sei ein elender Strauchdieb, der sich vor der Ordnungsmacht verstecken muss. Verrückt. Aber auch irgendwie ... scharf. Die Scheinwerfer kommen näher. Es ist ein grüner Jeep, das ist gerade noch zu erkennen, als er, nur wenige Meter entfernt, an uns vorbeifährt. Wir atmen auf: Keine Polizei und auch kein privater Sicherheitsdienst. Letztere fahren in der Regel Polo oder Golf und lassen es sich selten nehmen, ihr Firmenlogo auf alle verfügbaren Türen zu lackieren, kombiniert mit einer Telefonnummer. Nein, das hier ist vermutlich bloß ein Jäger oder der Förster des Waldgebiets, und dass der vorrangig an Lost-Places-Suchern interessiert ist, scheint uns doch eher unwahrscheinlich.

Nach diesem kurzen Schreck geht es zügig weiter, schließlich haben wir noch einen ordentlichen Fußmarsch vor uns. Nach einigen Minuten im dichten Wald blockieren mehrere umgestürzte Bäume unseren Weg. Erste Klettereinheit des Tages, witzeln wir. Und wissen, dass dieses Hindernis noch das kleinste Problem heute sein wird. Bevor wir das Gelände erreichen, müssen wir noch einen kleinen Zaun überwinden, ein eher symbolisches Hindernis. An manchen Stellen ist er in sich zusammengefallen, an anderen gar nicht mehr zu sehen. Für uns sind seine Überreste bloß der kümmerliche Hinweis darauf: Ab jetzt wird's womöglich rechtlich unklar, was ihr hier treibt, ihr bewegt euch in einer Grauzone. (Auf die rechtlichen Voraussetzungen unserer Projekte komme ich im letzten Kapitel zu sprechen.)

Wir haben mögliche Einstiegspunkte auf unserer Karte markiert und können nur hoffen, dass wir damit richtig liegen und irgendwo hier wirklich ein Schlupfloch existiert, das wir für den Einstieg nutzen können. Darauf sind wir angewiesen, wieder so ein Punkt, an dem der Ehrenkodex der Urbexer eindeutig ist. Kommt man irgendwo rein, ohne Gewalt anzuwenden, ist das okay. Müsste man Türen aufbrechen, Fenster einwerfen, Mauern beschädigen, ist das *nicht* okay. Das ist jedenfalls meine Maxime und auch die all derer, mit denen ich meine Projekte starte.

Wir kommen an den ersten Eingang, er ist mit einem riesigen Gittertor versperrt. Das Gute an Gittern ist, dass sie meistens ein wenig flexibel sind. Und tatsächlich, wir finden eine Stelle, durch die wir uns hindurchquetschen können. Zufriedenes Grinsen in unseren Gesichtern, allerdings nur für, sagen wir: 30 Sekunden. Dann fällt es einem von uns auf: «Was ist denn mit unserer Ausrüstung, passt die da auch durch?» Tut

DER EINSTIEG

sie natürlich nicht. Wäre ja auch zu einfach gewesen. Unsere Rucksäcke sind teilweise breiter als wir selbst. Die Variante «Alles auspacken und jedes einzelne Stück durchs Gitter quetschen» ist nur die letzte aller Optionen. Lieber halten wir nach einem anderen Eingang Ausschau.
Also geht es erst einmal weiter, bergauf, dann wieder bergab. Unsere Rucksäcke fühlen sich immer schwerer an. Hätten wir doch weniger mitnehmen sollen? Oder können wir ein bisschen von dem schweren Gerät einfach hier zurücklassen, um es auf dem Rückweg wieder einzusammeln? Kurzer Kriegsrat, dann weiter: Nein, alles kommt mit. Das Risiko ist zu groß, dass wir unser Projekt durch fehlende Ausrüstungsgegenstände gefährden. Es wird wie immer sein: Sieben von zehn der mitgeschleppten Utensilien werden wir bis zum Schluss unserer Expedition nicht brauchen, das wissen wir aus Erfahrung. Welche der sieben Teile das allerdings sein werden, weiß niemand von uns mit Sicherheit zu sagen. Also dann lieber weiter mit schwerem Gepäck.
Nachdem wir uns mehrere hundert Meter durch hügeliges Gelände und dichtes Gestrüpp gekämpft haben, erreichen wir den vorletzten der möglichen Eingänge zu unserem Ziel in der Unterwelt. Auf den ersten Blick ein Treffer. Es ist ein alter Lüftungsschacht. Wir leuchten ihn mit unserer Taschenlampe aus. Nichts zu sehen, keine Umrandungen auf dem Boden, besser gesagt: Kein Boden! Das sieht echt tief aus. Wir picken uns zwei Leute aus unserer Gruppe, die wir, mit Funkgeräten und von unseren besten Wünschen begleitet, losschicken, der Rest hält oberirdisch die Stellung. Plötzlich kracht es laut im Wald, das Echo hallt bestimmt noch einige Sekunden nach. Im ersten Augenblick werfen wir uns fast zu Boden vor Schreck. Offenbar ist der Jäger, der im Jeep an uns vorbeigefahren ist, nicht umsonst so früh aufgestanden. Unsere beiden Schachthänger funken gleich panisch: «Was ist da los?» Der Schuss muss sich einigermaßen scary angehört haben, verstärkt durch die Akustik im Lüftungsschacht.
Ein paar Minuten später melden sich unsere Kundschafter erneut mit einer guten Nachricht: Sie sind die Sprossenleitern bis zum Boden hintergeklettert und haben wieder festen Boden unter den Füßen. Und wir

können gefahrlos mit der Ausrüstung nachkommen, der Schacht ist begehbar und führt tatsächlich barrierefrei ins Innere der Anlage. Wir packen unsere Rucksäcke und wollen gerade los, als der nächste Schuss fällt. Weit weg klingt das nicht mehr, offenbar haben sich die Opfer des Jägers derweil in unsere Richtung bewegt. Ich sage zu den anderen: «Solange er nicht auf uns schießt, kann er meinetwegen herumballern, wie er will.» Und genau das tut der Mann dann auch. Während wir eilig und durchaus leicht beunruhigt immer tiefer in den Schacht eindringen, hören wir immer wieder Schüsse von draußen. Insgesamt sind es sechs Peitschen mit Echo in sehr kurzer Zeit. Hat der Jägersmann vielleicht ein wenig zu viel an der Pulle genuckelt, während er in der Dunkelheit alleine auf seinem Hochsitz verharrte und auf Wild wartete? Oder übte der mit Coladosen? Wir werden es nie erfahren.

Nachdem wir etwa 40 Meter in die Tiefe abgestiegen sind, hören wir keinen einzigen Schuss des Jägers mehr. Ist uns nun aber auch gleichgültig: Schließlich liegen Tonnen von Stahlbeton und Erde zwischen uns und seiner wildgewordenen Flinte. Stattdessen werden wir vom ersten Glücksgefühl des Tages überflutet. Wir sind drin. WIR SIND DRIN! Und der Eindruck auf den ersten Metern ist einfach nur gigantisch. Dieser Ort ist riesig. Riesig im Sinne von RIESIG. Ein wenig furchteinflößend, ein wenig gespenstisch. Er ist alles, wovon wir seit zwei Monaten träumen. Und mehr. Und größer. Wir würden am liebsten auf der Stelle lostraben, um ihn zu erkunden. Aber wie jeder erfahrene Urban Explorer weiß: Was macht man als Erstes bei einer Urbex-Aktion, in der man mit schwerem Gepäck unterwegs ist und plant, auch im Komplex zu übernachten? Genau: Wir suchen uns ein Basislager!

WOW!
ERSTE EINDRÜCKE. DIE SUCHE NACH DEM BASISLAGER. ZWEITE, DRITTE EINDRÜCKE. (DAVON, WIE TRÄUME WAHR WERDEN.)

Wir sind drin! Wir sind drin! Ich kann es immer noch nicht glauben, und weil das so ist, sage ich es noch ein paarmal vor mich hin: Wir sind drin! Es ist dann doch eher einfach gewesen, wir hätten es sogar auf zwei unterschiedlichen Wegen hinein in die Höhle geschafft, auch wenn eine davon äußerst mühselig geworden wäre. Aber was sich hier so anhört wie eine glückliche Laune des Schicksals, ist in Wahrheit das Ergebnis unserer zweimonatigen Recherche: Wir hatten im Vorfeld Karten stu-

DAS PROJEKT

diert und mit anderen Urbexern gesprochen, wir wussten recht genau, wo wir nach möglichen Einstiegen suchen mussten. Bei einem Gelände von fast 70 000 Quadratmetern war das auch notwendig – alles andere hätte der sprichwörtlichen Suche nach einer Stecknadel im Heuhaufen geglichen.

Jetzt aber sind wir – ich wiederhole mich da gerne – drin! Wir verschaffen uns einen ersten Überblick, indem wir unseren Standort auf der mitgeführten Karte bestimmen. Aber das sind in Wahrheit bloß Übersprungshandlungen des Glücks und der Fassungslosigkeit: Wir müssen diese gigantischen Dimensionen um uns herum erst einmal auf uns wirken lassen. War schon mal jemand von euch in einem verschachtelten Bunker, einer alten Industrieanlage, einem ehemaligen Zementwerk? Ich schon, und daher weiß ich augenblicklich: Das hier hat nichts mit den Gebäuden zu tun, die ich bisher erkundet habe. Ich fühle mich wie Gulliver auf seiner Reise nach Brobdingnag und erwarte jeden Moment, einen Riesen um die Ecke biegen und verächtlich auf mich kleinen Wurm herabblicken zu sehen. Diese Höhle ist so groß wie ein Bergwerk, eine unterirdische Kathedrale. Wie verrückt, dass dieses Werk von Tausenden von Menschen erschaffen worden ist, zu Kriegszeiten, und im Grunde nie einer sinnfälligen Bestimmung zugeführt worden ist.

Bei den enormen Dimensionen des Gebäudes kann man sich leicht verlaufen, das ist unsere größte Sorge. (Abgesehen davon, dass uns der Höhlenhimmel auf den Kopf fällt.) Deshalb haben wir schon im Vorfeld unserer Tour so viele Lagepläne gesammelt, wie wir finden konnten. Wir planten, unser Basislager direkt im Zentrum des Geländes aufzuschlagen. Dort befindet sich der Bunkertrakt, von dem wir uns besonders viel versprechen, und außerdem ist es aus logistischen Gründen immer gut, das Basislager dort zu errichten, von wo aus man in alle Richtungen gleich schnell ausschwärmen kann. Langsam trotten wir los, andächtig fast, durch Gänge, die sich vor uns so lang und weit ausbreiten, dass ihr Ende nur zu erahnen ist. Hier könnte man Szenen aus *Game of Thrones* drehen, ohne auch nur ein Detail verändern zu müssen – Nervenkitzel garantiert.

Immer wieder passieren wir Abzweigungen, die links und rechts von uns Wege ins Nirgendwo anbieten. Nachdem wir schon mindestens 20 Minuten durch einen Gang marschiert sind, werfen wir einen Blick auf unsere Karte. Wir schauen zweimal, dreimal und gleichen sie mit der Markierung im Gewölbe ab. Doch es hilft nichts: Wir sind auf unserer DIN-A4-Karte wirklich erst 1,5 Zentimeter vorangekommen. Die Freude darüber, drin zu sein in unserem Traumobjekt, wird zum ersten Mal ein wenig getrübt. Uns dämmert, wie verdammt riesig dieses Gelände ist.

Wir gehen weiter durch die Gänge, alle sechs nebeneinander, wie eine Revolvergang in Wyoming, die am nächsten Viehgatter zu einer Schießerei verabredet ist. Wir haben das nicht abgesprochen, aber offenbar fühlen wir uns, so breitbeinig aufgestellt, ein wenig sicherer in diesem geheimnisvollen Umfeld. Endlich erreichen wir den Einstieg zum Bunker, von wo aus das Gelände in früheren Zeiten technisch gemanagt worden ist. Wir gehen von Raum zu Raum, vorbei an Betriebsräumen, Schaltanlagen, Lüftungssystemen und Büros. Im hinteren Teil des Bunkers entdecken wir Schlafräume. Sogar die Betten stehen noch darin. Im Prinzip also ideale Voraussetzungen für unser Basislager. Aber schon nach einem kurzen Blick und ein paar Kontrollgriffen stellt sich heraus: In diesen Betten schläft in diesem Leben niemand mehr. Sie sind völlig vergammelt, mit Schimmel überzogen und teilweise auch angekokelt. Wer macht denn so was? Andere Lost-Place-Sucher sicherlich nicht.

Damit steht aber leider fest, dass wir hier nicht bleiben können. Unser ursprünglicher Plan, hier im Bunker zu übernachten, macht keinen Sinn, so gut er als Ausgangspunkt auch gelegen sein mag, um das gesamte Gelände zu erkunden. Also weitersuchen. Irgendwann stoßen wir auf eine Treppe, die in einen Lüftungsraum führt. Dieser Raum liegt strategisch günstig und vor allem: Er ist sauber, nirgendwo entdecken wir Schimmel. Es sieht so aus, als ob hier jede Woche einmal durchgefegt werden würde. Offenbar liegt er so günstig, dass der aufliegende Staub der vielen Gänge nicht bis hier hinaufgeweht wird. Außerdem finden wir hier drin genug Platz, um unsere Isomatten und Schlafsäcke auszubreiten. Ich habe schon in Youth Hostels übernachtet, in denen mehr Leute in einen Raum gepfercht worden waren. Wir richten uns sogar noch eine kleine Ecke ein, in der wir später unser Essen zubereiten können, wenn uns danach ist. Okay, **zubereiten** ist ein großes Wort für das, was wir in der Regel mit unserem Proviant veranstalten. Erhitzen und vernichten wäre passender. In unsere Rucksäcken stecken wir eher eine große Menge Kletterausrüstung und diverse Kameras, bevor sich eine mehrgängiges Fertiggericht oder ähnliche kulinarischen Sensationen dorthin verirren. Aber keine Angst: Verhungert ist noch kein Lost-Place-Jäger. Eine Dose Eintopf oder Ravioli schafft es immer mit auf den Weg.

Erst einmal können wir hier endlich unsere riesigen Rucksäcke ablegen. Zum großen Rundgang brauchen wir nur das Nötigste. Wenn etwas fehlt, können wir immer noch in unser Basislager zurück. An einem Ort wie diesem muss man sich zum Glück keine Gedanken darüber machen, ob man sein Zeug einfach so liegen lassen kann. Die Wahrscheinlichkeit, hier drin jemanden zu treffen, ist ungefähr so groß wie die Chance, im Grunewald einem Einhorn zu begegnen. Wir packen unsere überdimensionierten Rucksäcke vollständig aus und legen alles, was sich darin befindet, in einer Reihe nebeneinander auf den Boden. Das sieht aus wie die Beute-Begutachtung bei den Panzerknackern, hat aber einen guten Grund: Man sieht auf einen Blick, was man dabeihat, und steckt nur die Sachen, die man braucht, wieder zurück in den kleinen **To-go**-Backpack.

Wir haben einige Kilometer Fußmarsch vor uns und befürchten, dass wir immer wieder auch enge Passagen durchklettern werden. Das heißt, dass wir tatsächlich den Großteil der kompletten Ausrüstung zurücklassen werden. Noch ein letzter Snack, dann geht es los. Der große Rundgang, die Tour, **das** Erlebnis. Bis jetzt war alles nur Vorspiel, die Pflicht sozusagen. Das allein war schon ein Spaß, doch jetzt, jetzt kommt die Kür. Wir beugen uns noch einmal über unsere Karten und legen vage fest, in welche Richtung wir gehen wollen. Dabei grinsen

wir uns immer wieder grundlos an, unsere Vorfreude lässt uns auf der Stelle trippeln wie aufgeregte Rennpferde. **Energy is in the house**.
Wir wissen, dass wir an einem Tag und in einer Nacht nicht mal ansatzweise alles sehen können, was dieser Ort an Geheimnissen bereithält. Doch überhaupt hier zu sein ist das Entscheidende. Der Gedanke, Sachen zu entdecken und Dinge zu sehen, die nicht alltäglich sind, die den wenigsten Menschen da draußen in ihrem Leben jemals begegnen werden, beflügelt mich. Ich schultere meinen Rucksack und atme tief ein und aus. Ich weiß in diesem Moment, dass ich so schnell nicht wieder in eine vergleichbare Anlage von diesen Dimensionen kommen werde. Ganz im Hier und Jetzt, in einem dunklen Gewölbe tief unter der Erde, bin ich deshalb einfach nur dankbar. Ich denke daran, dass so mancher Kalenderspruch wirklich wahr ist. Dieser hier hat mich immer angetrieben: «Träume nicht dein Leben, sondern lebe deinen Traum.» Ich kann dazu nur sagen: Ich tue mein Bestes.

DER RUNDGANG
URBEX IN DER UNTERWELT:
DAS GROSSE STAUNEN
(ABER ALLES MIT HELM!)

Es muss ein Albtraum sein, sich in so einer Location zu verirren. Und das ist auch ein Grund, warum in der Szene die Regel gilt, dass man beim Urbex immer mindestens zu dritt sein sollte. Man kann sich gegenseitig helfen, wenn eine Mauer einstürzt, der Eingang auf dem Rückweg plötzlich verschlossen ist oder man sich auf einem Gelände verlaufen sollte – einer von dreien dürfte wohl genügend Orientierungssinn mitbringen, um die anderen beiden auf den richtigen Pfad zurückzuführen. Sehr häufig kommt es allerdings nicht vor, dass man sich beim Urban Exploring verlaufen könnte – die meisten Objekte sind einfach nicht so groß.

So etwas wie diese unterirdische Monsterwelt der NVA habe ich vorher noch nie gesehen. Kein Wunder, dass dieses Labyrinth Ängste schürt. Zuerst wollen wir zu den Gleisen gehen, die sich durch die gesamte Anlage ziehen. Allein der Gedanke, dass hier einmal Züge verkehrten, ist schon einigermaßen irritierend. Selbst unser harmloser Spaziergang durch die Stollen macht einen irrsinnigen Lärm, das kleinste Geräusch multipliziert sich in den endlosen Gängen und Tunneln zu einer akustischen Kulisse, die jedem Zombie-Thriller zur Ehre gereichen würde. Wenn man sich dann auch noch vergegenwärtigt, dass hier Züge mit zahlreichen Güterwaggons durch die Anlage gefahren sind, bekommt man eine Idee davon, was für ein infernalischer Lärm hier unten geherrscht haben muss.

DER RUNDGANG

Nach einer Weile erreichen wir die Gleise und verfolgen sie eine Weile: Wir passieren Schalthäuschen, riesige Überdrucktore, Weichen, Tunnelabzweigungen und Signalanlagen. Das liest sich hier alles so harmlos, aber vor Ort ist das der absolute Wahnsinn, um es einmal nüchtern auszudrücken. Diese Dimensionen ... Das sind keine unterirdischen Grubengänge, wie man sie aus Dokumentationen über deutsche Bergwerke im Ruhrgebiet kennt. Nicht diese typischen kleinen Gänge, in denen man jedes Mal eine Beule riskiert, wenn man sich auf die Zehenspitzen stellt. Man könnte hier unten eine Vatertagstour in einer dieser rollenden Bierbuden machen, die mit Muskelkraft angetrieben werden – und dabei könnte sich locker noch jemand aufs Dach setzen.

Nachdem wir uns eine Zeitlang an den Gleisen orientiert haben, gehen wir buchstäblich ein wenig mehr ins Risiko. Wir suchen uns einige Gänge aus, um sie zu erkunden. Dabei achten wir sehr gewissenhaft auf die Angaben unserer Karte. Wie gesagt: Es muss ein Albtraum sein, sich hier unten zu verlaufen. Aus diesem Grund habe ich meinen Trinkrucksack auch mit 3,5 Liter Wasser befüllt und die wichtigsten Ausrüstungsgegenstände immer in Griffweite. Hier kommen auch meine Reflektorstückchen wieder zum Einsatz, von denen ich schon erzählt habe. Ich verteile sie an den wichtigen Abzweigungen, um später auf meinen ursprünglichen Weg zurückzufinden.

Irgendwann gelangen wir zu einem Tunnel, der auf großer Fläche versperrt und nur durch eine kleine Klappe passierbar ist. Das weckt natürlich unser Interesse. Warum hat man diesen Durchgang zugemauert, was verbirgt sich dahinter? Bis zu diesem Punkt waren die unterirdischen Gänge alle sehr gut ausgebaut gewesen, alles um uns herum wirkte absolut stabil und fest. Die Decken waren mit Spritzbeton zugekleistert, dahinter befand sich ein Stahlgeflecht. Das sah bisher alles sehr solide aus, nichts, wovor wir Angst haben sollten. Als wir aber die kleine Klappe passieren und in den dahinter liegenden Teil des Stollens kommen, befinden wir uns plötzlich in einer anderen Welt. Leider sind es keine Schätze, die uns hier erwarten, sondern im Gegenteil: Schutt und Verfall. Dieser Teil des Stollens scheint nie vollständig ausgebaut worden zu sein und führt in Bereiche, die uns doch etwas ungeheuer vorkommen. Bislang sind wir meist über glatte Betonböden gelaufen, doch nun wird das Terrain spürbar gefährlicher. Wir gehen nun ganz, ganz langsam und zunehmend unsicherer durch ein richtiges Trümmerfeld. Je größer die Schutthaufen werden, über die wir klettern müssen, umso größer sind auch die Löcher in der Decke über uns. Niemand von uns wagt es, seinen Helm auch nur eine Sekunde abzunehmen, um sich den Angstschweiß von der Stirn zu tupfen. Bei einem großen Brocken würde der auch nicht viel helfen, das ist uns klar. Aber vor kleinen Steinen würde er uns wohl schützen, von seiner psychologischen Wirkung in diesem Moment einmal ganz abgesehen. Dieser Teil unserer Tour, das spüren wir alle, ist nicht ganz ungefährlich. Wir schweigen alle bedrückt, die Euphorie, mit der wir unseren Erkundungsgang begonnen haben, ist längst verflogen.

Auch hier kommen wir immer wieder an Kreuzungen vorbei, von denen wir nicht wissen, wohin sie uns führen würden. Wir einigen uns darauf, auf keinen Fall von unserem vorher festgelegten Kurs abzuweichen. Egal, wie vielversprechend eine der Abzweigungen zu sein scheint. Wir passieren Bereiche in diesem Gewölbe von absurd anmutenden Ausmaßen, die auf den ersten Blick ganz stabil wirken, aber hinter der nächsten Ecke lauert schon der nächste Brocken über unseren Köpfen, der wirkt, als würde ein Niesen von einem von uns ausreichen, um ihn auf uns herunterplumpsen zu lassen.

Längst bewegen wir uns in einer Grauzone. Urban Explorer kennen diesen inneren Kampf gut: Sollen wir umdrehen und schauen, dass wir Land gewinnen? Der gesunde Menschenverstand sagt: Unbedingt. Oder sollen wir noch ein paar Meter, ein paar hundert Meter, einen Kilometer weitergehen, um nicht zu verpassen, was **das** Erlebnis der gesamten Tour sein könnte? Der Risiko-Bär sagt: Unbedingt. Und der gewinnt natürlich an diesem Tag, weil er von Neugier und einem unerschütterlichen Erkundungsdrang unterstützt wird.

Wir gehen also weiter, immer tiefer in den Stollen hinein. So nach und nach kommt die Befürchtung auf, dass wir vielleicht den kompletten Weg

DER RUNDGANG

wieder zurückgehen müssen. Es gibt immer wieder Gänge, die komplett verschüttet sind, und andere, durch die man sich gerade noch so über einen Schuttberg hindurchquetschen kann. Wir legen erst einmal eine Pause ein, denn es ist mittlerweile etwa 3 Uhr nachts. Der ganze Trip steckt uns allen schon mächtig in den Knochen. Wir schauen auf die Karte, wollen so langsam wieder zurück in den ausgebauten, sicheren Stollentrakt. Das Adrenalin rauscht durch unsere Körper. Es reicht jetzt. Wir müssen noch an fünf Kreuzungen vorbei, dann haben wir es geschafft. Noch ein Schluck aus dem Trinkschlauch und die mit Staub gefüllte Kehle durchgespült, dann geht es weiter. Die zweite, dritte, vierte Kreuzung ist geschafft, dann ist plötzlich Schluss. Kein Weiterkommen mehr, der Gang vor uns ist komplett dicht. Ich schaue in die Gesichter meiner Freunde. Darin spiegelt sich blankes Entsetzen. Wenn wir den gesamten Weg wieder zurücklaufen müssen, auf dem wir gekommen sind, reden wir von Stunden, von mehreren mühsamen Kilometern über Schutt und Geröll. Wir studieren die Karte erneut. Es muss doch eine alternative Route geben? Eher aus Verzweiflung denn aus Überzeugung folgen wir einem anderen Gang, der direkt in den ausgebauten Stollen führen soll. Wir sehen das Ende leider nicht, weil kurz davor ein riesiger Schutthaufen liegt. Wird es hinter diesem Haufen weitergehen? Ich halte es nicht mehr aus und renne hoch auf den Schuttberg. Soll er doch zusammenfallen! Und: **Check!** Dort ist tatsächlich ein Loch zu sehen, das uns wieder zurück in die Spur respektive in einen Gang führt, der uns den gesamten Rückweg erspart. Wir sammeln uns nach und nach vor dem Loch und schätzen ab, ob wir da wirklich durchpassen. Wir haben ja eine Menge Ausrüstung dabei, aber einen Topf Vaseline haben wir leider vergessen. So ist es meistens, egal, wie gut man vorausgeplant hat: Das Leben da draußen stellt einen immer wieder vor Herausforderungen, auf die man sich eben nicht vorbereitet hat. (Eine gute Übung im Survival ...)

Hilft ja nichts: Wir legen unsere sperrige Ausrüstung und die Rucksäcke ab, und einer nach dem anderen zwängt sich durch das kleine Loch im Schutt. Als wir alle wieder auf der anderen Seite sind, ist die Erleichterung groß. Und plötzlich spüren wir auch die ganz normalen Impulse unseres Körpers wieder, die in den letzten Stunden hinter einer Wand aus Anspannung und Adrenalin zum Schweigen gebracht worden waren: Unsere Mägen knurren wie drei Hofhunde beim Auftauchen des Briefträgers. Ich höre, wie einer von uns sagt: «Jungs, es wird Zeit für eine Dose Ravioli!»

FINALE
RAVIOLI, BILANZEN UND DER WUNSCH NACH WEITER, IMMER WEITER.

War es das wert? Sind meine Hoffnungen erfüllt, ist die Sehnsucht nach dem Spektakulären befriedigt worden? Was nehme ich mit nach Hause außer den Fotos und Filmen, die ich vor Ort gemacht habe? Auch heute sind das wieder Fragen, die mich beschäftigen. Kaum ist ein Projekt abgeschlossen, denke ich schon darüber nach, was mir daran besonders gefallen hat, wie ich mich beim nächsten Mal besser vorbereiten kann und was überhaupt als Nächstes kommen wird. Nachdem wir uns stundenlang durch die endlosen Gänge dieser gigantischen unterirdischen Fabrik gewühlt haben, über Schuttberge, durch enge Löcher und unter riesigen Gesteinsbrocken hindurch, bin ich in Gedanken schon beim nächsten Projekt. Ich weiß, wenn man glücklich ist, soll man nicht noch glücklicher sein wollen. Hat Fontane gesagt, und ich weiß, wie er das gemeint haben könnte: Einfach mal zufrieden sein – und erst einmal versuchen, den verbrauchten Energiespeicher wieder aufzufüllen, bevor man schon an das nächste Abenteuer denkt. Das geht hier und jetzt, an diesem seltsamen Ort, der von Zwangsarbeitern errichtet und in der DDR halbherzig zwischengenutzt wurde, am besten mit einer Mahlzeit.

Jeder, der einmal bei der Bundeswehr war, kennt sicherlich den Spruch: «Ohne Mampf kein Kampf.» Albern, aber wahr.

Unser Fünf-Sterne-Menü wartet nach dem letzten kurzen Marsch durch die Gänge zurück ins Innere der Anlage schon im Bunkertrakt auf uns. Ich kann die Ravioli quasi durch die engen Schächte rufen hören. Den anderen scheint es ähnlich zu gehen. Aus den Rucksäcken – die wie erwartet noch unberührt in unserem Basislager stehen – werden in null Komma nichts die Dosen gezaubert, Bohnen, Pasta, das ganze Portfolio des allgemeinen Studentenhaushaltes. Egal. Es ist ein schönes Ritual, dieses gemeinsame Essen nach so einem Abenteuer. Es schweißt uns noch einmal zusammen, so als ob ein Punkt hinter das gemeinsame Unternehmen gesetzt wird. Dabei sprechen wir kaum miteinander. Was ist jetzt auch noch zu sagen? Jeder ist im Stillen damit beschäftigt, die Bilder der vergangenen Stunden zu verarbeiten. Kurz kommt noch ein-

DAS PROJEKT

mal eine Diskussion darüber auf, wie schade es sei, als seriöser Urban Explorer nicht einmal die kleinste Erinnerung an diesen Tag von dem Gelände mitnehmen zu können. Wir haben in einem der Gänge eine verblüffende Entdeckung gemacht. Ich kann leider nicht verraten, um was es sich dabei handelt, denn das würde dazu führen, dass man den Ort zu leicht identifizieren könnte. Aber er ist einigermaßen spektakulär, dieser Fund, wir konnten es selbst kaum glauben, als wir ihn in der Hand hielten. Stimmen die Mythen also doch, die man sich hinter vorgehaltener Hand über diesen Ort erzählt?
Es ist jetzt fast fünf Uhr in der Früh, wir sind müde, aber auf eine aufgekratzte Weise, die nicht an Schlaf denken lässt. Wir erzählen von unseren nächsten Projekten, von denen, die schon bald anstehen, und auch von jenen, die als Traumprojekt ganz oben auf der Liste stehen, die Once-in-a-lifetime-Träume. Jeder von uns hat sie, bei mir ist es eine vollständig verlassene, aber gut erhaltene japanische Stadt auf einer Bohrinsel. Ich weiß nicht, ob ich jemals wirklich dort hinkomme, aber ich werde alles versuchen, um diesen Traum einmal wahr werden zu lassen.
Irgendwann packe ich dann doch meinen Schlafsack aus, ich will die ganze Übernachtungsausrüstung ja nicht völlig umsonst hergeschleppt haben. Dass die Nacht sehr kurz sein wird, ist klar, aber lieber ein wenig Schlaf als gar keinen. Während einige meiner Freunde noch leise miteinander sprechen, wickele ich mich in meinen Schlafsack. Endlich nur liegen, endlich entspannen. So ein kleines Übernachtungslager im Lüftungsraum eines unterirdischen Bunkers hat schon seinen ganz besonderen Charme. Nach zwei Minuten bin ich eingeschlafen und versinke kurz in einem Traum, der Bilder von zukünftigen Operationen in mein Unterbewusstsein spült. Einige Minuten später werde ich wieder wach, weil durch unser Basislager eine Lachsalve tönt: Einer von den Jungs liegt in der Mitte des Raums und macht Liegestütze. Er hat gewettet, 50 am Stück zu schaffen, ich weiß nicht, was er dafür bekommt. Es ist auch egal, es geht wohl wieder mal nur darum, am Leben zu sein und das hin und wieder auch zu spüren. Jungsblödsinn halt. Die anderen lachen ihn aus, gutmütig, und ich winde mich zurück in meinen Schlafsack. Grin-

FINALE

sen. Genau die Momente sind es doch, an die man sich noch Jahre später erinnert und die man wahrscheinlich nie vergessen wird. Eine großartige Erfahrung, unglaubliche Eindrücke, ein perfektes Team. Mehr geht nicht. Für diesmal.

> «Wer am Anfang schon sicher weiß,
> wohin ihn sein Weg führen wird,
> wird es nicht sehr weit bringen.»
>
> Napoleon Bonaparte

EINE KLEINE VORBEMERKUNG: WARUM GUTES EQUIPMENT WICHTIG IST – ABER NICHT ALLES!

Immer wieder spricht mich jemand an oder schreibt mir eine Mail mit ungefähr diesem Wortlaut: «Hey, Fritz, ich bin ein blutiger Anfänger, finde aber gut, was du machst, und möchte selbst gerne mit dem Outdoor-Hobby anfangen. Was benötige ich denn an Ausrüstung?» Auf diese Frage gibt es natürlich keine Pauschalantwort, aber ich kann euch beruhigen: Niemand muss mit einer teuren und vollständigen Ausrüstung anfangen. Viele eurer logistischen Bedürfnisse entstehen erst in der Praxis, wenn sich so langsam abzeichnet, wohin euer Weg euch führt. Das schon mal vorab.

Aber womit jetzt wirklich beginnen? Am einfachsten bekommt man darauf eine Antwort, wenn man sich selbst einem ehrlichen Verhör aussetzt: Was genau möchte ich eigentlich machen, was reizt mich? Wie lange bin ich beim ersten Mal unterwegs? Wie wird voraussichtlich das Wetter sein? In welcher Jahreszeit findet das Projekt statt? Worum geht es mir generell? Bin ich dabei abgeschieden von der Zivilisation? Mit wie viel Leuten werde ich unterwegs sein? Gibt es einen Pool an Ausrüstung, auf den ich möglicherweise zurückgreifen kann? Wie hoch wird die körperliche Belastung sein?

Ich rate Anfängern unbedingt: Kauft euch zu Beginn nicht gleich eine extrem teure Ausrüstung. Beginnt mit den Trainingsklamotten, die ihr schon im Schrank hängen habt. Und tastet euch langsam an eine Outdoor-Disziplin heran. Es muss nicht gleich eine mehrtägige Tour mit Übernach-

SERVICE – WAS BRAUCHE ICH WOFÜR?

tung und schwierigen Witterungsverhältnissen sein. Eine überschaubare kleine Tagestour für ein paar Stunden im Wald, bei der ihr die Natur ein bisschen besser kennenlernt, ist für den Anfang eine prima Wahl. Steigert das, wenn's euch beim ersten Mal gefallen hat, geht nächstes Mal länger in den Wald, übernachtet vielleicht sogar einmal dort.

Erst wenn ihr nach einigen Unternehmungen merkt, dass ihr Spaß an dem neuen Hobby habt, solltet ihr euch nach und nach eure Ausrüstung zusammenstellen. Was zu so einer Ausrüstung gehört, ob sie teuer sein darf oder modisch farbenfroh, ob die Marke X oder die Marke Y besser ist – diese Diskussion wird euch in der Outdoor-Szene bis an den jüngsten Tag begleiten. Und zwar ohne dass es dabei zu einem befriedigenden Ergebnis kommen wird. Das Thema ist einfach sehr komplex, daran scheiden sich selbst die smartesten Geister immer wieder. Es ist am Ende halt doch auch eine Frage des persönlichen Geschmacks.

Bei mir persönlich steht an oberster Stelle kein modischer Trend, sondern ganz eindeutig die Qualität. Gerade im Outdoor-Bereich müssen die Ausrüstungsgegenstände oftmals einer sehr hohen Belastung standhalten. Stellt euch nur mal vor, dass sich ein harmloser kleiner Tragriemen eures Rucksacks bei einer Tour mitten im Wald auflöst. Für mich der absolute Horror. Die Tour ist damit definitiv gelaufen. Und nur weil ihr im Outdoor-Laden eine falsche Entscheidung getroffen habt. Versucht euch vor der Anschaffung neuer Sachen also ein bisschen zu informieren. Es gibt YouTube-Tutorials zu vielen Themen, auch zur Ausrüstung aller möglichen Outdoor-Sportarten. Und es gibt – wer es old school mag – Printmagazine, die immer wieder Tests beinhalten, was man kaufen kann und was man besser liegen lässt. Und glaubt nicht, dass Qualität immer eine Frage des Preises sein muss. Stimmt nicht. Viele Trendmarken – ich nenne jetzt mal keine Namen – orientieren sich bei der Produktion ihrer Sachen eher am Lifestyle der Zielgruppe und weniger an den Bedürfnissen wahrer Outdoor-Sportler. Will sagen: Was super aussieht, muss sich da draußen im Ernstfall nicht unbedingt auch super bewähren. Wichtig ist, sich vor einer Kaufentscheidung nicht nur auf eine Quelle zu verlassen. Fragt Freunde und Bekannte, lasst euch in einem Shop vor Ort beraten, telefoniert mit Onlineshops, lest Testberichte, schaut euch Reviews auf YouTube an und bildet euch dann eure eigene Meinung.

BUSHCRAFT
ALLES, WAS ICH MITNEHMEN WÜRDE.

An dieser Stelle möchte ich euch meine Top-Ten-Ausrüstungsgegenstände vorstellen, auf die ich im Wald nie verzichten würde:

RUCKSACK
Natürlich braucht ihr ein Behältnis, in dem ihr eure komplette Ausrüstung transportieren könnt. Von einem Koffer oder einem Seesack rate ich aus unterschiedlichen Gründen ab, und einen Esel oder Sherpa werdet ihr im Harz oder in den Alpen selten finden. Zum Rucksack gibt es keine Alternative. Je nach Jahreszeit und der notwendigen Ausrüstung kann die Größe jedoch schwanken. Im Sommer komme ich meistens mit einem 35- bis 45-Liter-Rucksack aus, in den sogar meine Übernachtungsausrüstung passt. Im Winter darf es aber auch gerne mal ein 80- bis 100-Liter-Rucksack sein, vor allem, wenn ich gleich mehrere Tage unterwegs bin.

WETTERFESTE KLEIDUNG
Es gibt immer wieder Kameraden, die glauben, mit ihren formschönen Nike-Ballettschühchen wären sie auch outdoor prima gekleidet. Mag optisch so sein – in der ersten halben Stunde des Trekkings. Über diese 30 Minuten hinaus werdet ihr mit Turnschuhen jedoch garantiert keinen Spaß haben. Im Sommer mag es vielleicht an manchen Tagen noch leidlich gehen, aber sobald es feuchter wird oder die kühleren Jahreszeiten kommen, ist ein Wanderstiefel eine gute, wenn nicht die einzig mögliche

Wahl. Als Einsteiger würde ich einen akkuraten Mittelpreis-Schuh ausprobieren, ihr braucht nicht gleich High-End-Kleidung. (Man sollte auch unbedingt etwas haben, worauf man sich im Laufe seiner Outdoor-Karriere noch freuen kann – wenn sie denn in Gang kommt.) Ihr werdet zu Beginn eurer Unternehmungen vermutlich in der unmittelbaren Umgebung eurer Heimat unterwegs sein. In diesem Fall ist es nicht so tragisch, wenn ihr ein Projekt einmal abbrechen müsst, weil ihr das falsche Equipment dabeihabt. Bei ambitionierteren Vorhaben, für die man ein paar Stunden reist, sieht das dann schon anders aus.

Wenn ihr jetzt wissen wollt, warum **ich** immer mit einer hochwertigen und teuren Ausrüstung unterwegs bin, euch aber Zurückhaltung predige: Es ist nur zu euerm Besten. Das Niveau der Touren und die Anforderungen, die sie an das Material stellen, sind bei Anfängern logischerweise nicht so hoch. Da reicht eine solide, nicht so teure Basisausrüstung. Erst wenn ihr dranbleibt, lohnt es sich, in den höheren Preiskategorien zu suchen. Es gibt da draußen nämlich manchmal verzwickte Situationen und Abenteuer, in denen es verdammt wichtig ist, dass eure Kleidung schnelltrocknend, wasserdicht, atmungsaktiv **und** wärmend zugleich ist. Das habe ich auf meiner Alpenüberquerung immer wieder festgestellt.

ERSTE-HILFE-SET

Beschäftigt euch nicht nur mit dem vollständigen Inhalt, sondern trainiert auch die Anwendung. Ein Auffrischungskurs kann vielleicht sogar Leben retten. Wem das zu anstrengend ist: Auf YouTube gibt es zahlreiche Erste-Hilfe-Tutorials. Man erfährt dort zumindest rudimentär, was man mit seinem Erste-Hilfe-Köfferchen im Ernstfall alles Gutes tun kann.

MESSER

Hier gibt es extreme Unterschiede, in der Qualität wie auch beim Preis. Vom günstigen Baumarkt-Messer für unter 10 Euro bis hin zum handgeschmiedeten Einzelstück für den Gegenwert eines japanischen Kleinwagens. Ich unterscheide bei Messern im Bushcraft-Bereich immer zwischen zwei Varianten. Zum einen nutze ich ein stabiles größeres Messer mit durchgehender Klinge (Achtung, maximal 12 Zentimeter nach § 42a WaffG). Dieses Messer ist optimal für grobe Arbeiten geeignet, etwa Hacken, Batoning (das Spalten von Holz mittels Knüppel und Messer) oder grobes Schnitzen. Zusätzlich habe ich immer noch ein kleines Taschenmesser mit zwei sehr flachen Klingen und einer Säge dabei. Das eignet sich eher für kleine Bastelprojekte und diverse Feinarbeiten. Auf meiner Website und meinem YouTube-Kanal findet ihr diverse Videos zu diesem Thema, außerdem eine Übersicht über die verschiedenen Messer, die ich nutze.

FEUERSTAHL

Für den Anfang eine zuverlässige Möglichkeit, Feuer zu entfachen. Was ist das überhaupt, und macht es Sinn, werden einige von euch sich fragen, warum nehmen wir nicht gleich Streichhölzer? Ha. Versucht mal, in Kälte, Nässe und Wind ein Feuer mit dem Feuerzeug oder mit Zündhölzern zu entfachen. Viel Glück! Ein Feuerstahl ist sehr viel praktischer, vor allem bei nassem Wetter oder im Winter. Als Grundlage braucht man drei Dinge: einen Zunderstoff, ein Messer (oder einen Schaber) und eben den Feuerstahl – damit sind Lagerfeuer im Freien auch bei miesem Wetter garantiert. Wer einen Schritt weitergehen möchte, kann sich dann mit dem Bow- oder Handdrill beschäftigen.

KOCHGESCHIRR

Da hat jeder seine eigenen Vorlieben: Ich nutze einen 2,5 Liter fassenden Edelstahltopf mit Bügel und einer passenden Pfanne als Deckel. Damit kann ich auch schon mal für zwei Personen kochen.

SCHLAFSACK

Wenn ihr Einsteiger seid und einen passenden Schlafsack sucht, schaut immer auf den maximalen Komfortbereich. Was heißt das? Dieser Wert gibt den Temperaturwert an, bei dem der Durchschnittsmensch gerade noch nicht friert und komfortabel im Schlafsack schläft. Beim sogenannten Extrembereich werdet ihr vielleicht die Nacht überstehen, ohne zu erfrieren, aber sicher keine ruhige Sekunde Schlaf finden.

ISOMATTE

Viele Outdoor-Freunde unterschätzen die Isolation von unten, weil sie sich mit dem Schlafsack rundum geschützt fühlen. Diesen Fehler habe ich am Anfang meiner Outdoor-Projekte auch gemacht und meine eigenen – sehr erfrischenden – Erfahrungen gesammelt. Passiert mir jetzt nicht mehr, dass ich ohne Isomatte losziehe.

PLANE

Beim Bushcraften nutze ich meistens eine normale Baumarktplane oder ein Tarp. Damit habe ich unzählige Möglichkeiten, mir eine den Umständen angepasste Unterkunft zu bauen. Es gibt Schrägdächer, geschlossene Varianten oder auch die sogenannte A-Frame-Variante. Experimente ausdrücklich erwünscht: Wer viel ausprobiert, wird ein Gefühl dafür bekommen, was für ihn am besten funktioniert. Ich probiere

immer wieder mal neue Varianten. Die einen bieten deutlich besseren Wetterschutz, die anderen eine bessere Sicht nach draußen in die Natur. Kommt ganz aufs Wetter und meine Laune an.

PARACORD / SCHNUR

Zum Abspannen der Plane oder auch einfach nur zum Aufhängen eurer Kleidung oder eures Rucksacks ist ein Stück Schnur immer hilfreich. Bei Paracord (einem sehr leichten Kernmantel-Seil aus Nylon, das ursprünglich mal als Fangleine für Fallschirmspringer eingesetzt wurde) habt ihr den Vorteil, dass ihr die Knoten gut wieder aufbekommt, wenn ihr alles richtig gemacht habt. Wenn die Schnur zu dünn ist, zieht sich der Knoten meist so stark fest, dass nur noch das Messer zum Lösen in Frage kommt.

Das war meine Top Ten. Es gibt natürlich noch einige andere Utensilien, die euch da draußen das Leben in der Natur leichter machen. So habe ich auch oft eine Axt und eine Säge dabei. Allerdings würde ich im Zweifel darauf eher verzichten als auf einen trockenen Schlafplatz. Auch ein Wasserfilter kann hilfreich sein. Wie gesagt – alles eine Frage der persönlichen Vorlieben und des jeweiligen Projekts.

URBAN EXPLORING (LOST PLACES)
MEINE PERSÖNLICHE PACKLISTE.

Ich bin ein großer Listen-Schreiber. Bei der Planung meiner Projekte kommt mir das entgegen: Ohne das regelmäßige Checken meiner Listen hätte ich vermutlich schon einige meiner Touren in den Sand gesetzt. Hier nun meine persönliche Packliste für eine Tagestour auf einem Lost Place. Seht meine Vorschläge als Inspiration und nicht als in Stein gemeißelten Maßnahmen-Katalog: Ich entscheide ja auch vor jeder Tour aufs Neue, was ich mitnehme, und passe alles individuell den Bedürfnissen meines Projekts an. Es gibt auch Tage, an denen ich, nur mit einer Taschenlampe bewaffnet, ins nächste Abenteuer starte. Das ist zwar selten, aber es passiert. Probiert euch einfach aus und seht meine Liste mehr als Anregung.

RUCKSACK

Hier reicht meist ein kleiner Tagesrucksack mit einem Volumen von 15 bis 25 Litern.

KAMERA

Fotos und Videos sind für mich ein wichtiges Element beim Erkunden von Lost Places. Ich nutze eine DSLR mit verschiedenen Objektiven und eine Actioncam für ganz spezielle Aufnahmen (DSLR = Digitale Kamerasysteme mit Spiegelreflexkameras).

KAMERAZUBEHÖR

Zusätzlich zu den Kameras habe ich natürlich noch jede Menge Zubehör dabei. Das variiert auch immer mal wieder. Stativ, Akkus, Videoleuchte, diverse Halterungen für die Actioncam, Filter, Funkauslöser, Speicherkarten, Mikrophone, Reinigungsequipment – wenn ihr eure Erlebnisse mit anderen teilen wollt, gehört ein gewisses Minimum an technischem Equipment einfach dazu. Wenn ihr wollt, dass irgendjemand eure Abenteuer ansieht, reicht die Handy-Kamera jedenfalls nicht. Es sei denn, ihr filmt einen Bären beim Tangotanzen oder ähnlich spannende Begebenheiten ...

ATEMSCHUTZ

Ein wichtiger Schutz gegen diverse Gefahrenstoffe wie Bakterien, Schimmel, Staub, Asbest, verschiedene Dämpfe und vieles mehr, was einem an Lost Places droht. Informiert euch vorab bei einschlägig aus-

gerüsteten Firmen und lasst euch beraten, was genau für euren Einsatzzweck am besten passt.

HANDSCHUHE

In alten verlassenen Objekten seid ihr von scharfkantigen und rostigen Gegenständen umgeben. Hier ist es auf jeden Fall sinnvoll, seine Hände zu schützen.

WETTERFESTE KLEIDUNG

Ich empfehle bequeme, auch gerne ältere Kleidung, da es in den Lost Places oft dreckig und auch mal ziemlich eng wird. Ich habe mir schon einige teure Jacken an überstehenden Nägeln zerrissen und mich jedes Mal sehr geärgert. Natürlich kommt es auch drauf an, wie ihr drauf seid: Wenn man vorsichtig durch eine alte Halle läuft, passiert in der Regel nicht viel. Wenn man aber wie ich mit großer Freude in jedes kleine Loch kriechen möchte, sollte man sich schon genau überlegen, was man für Kleidung am Leib trägt – und ob man sie hinterher noch braucht.

SCHUHWERK

Die Schuhe sollten auf jeden Fall robust sein. Ich trage meistens Stiefel, die bis über die Knöchel gehen. Sie bieten einfach größeren Schutz als Halbschuhe, und auch wenn ihr durch Scherben und Schutt lauft, seid ihr damit auf der sicheren Seite. Wer es richtig ernst meint: Arbeitsschuhe mit Stahlkappe und Stahlsohle bieten natürlich einen noch höheren Schutz, machen allerdings nicht immer einen schlanken Fuß ...

ERSTE-HILFE-SET

Da ist es wieder. Auch beim Urban Exploring ist es für die schnelle Erstversorgung bei Verletzungen unverzichtbar, mehr noch als beim Bushcraft. Ich finde, es ist der wohl wichtigste Gegenstand, den man bei seinen Exkursionen immer mit dabeihaben sollte. Ich würde sogar so weit gehen, zu sagen: auch im Alltag. Es passiert schneller etwas, als man glaubt. Merkwürdige Einstellung für jemanden, der sich systematisch gewissen Gefahren aussetzt, aber so denke ich wirklich.

TASCHEN- UND KOPFLAMPE

Es werde Licht! Zum Ausleuchten von dunkleren Räumen und Gängen unerlässlich – und manchmal im Schlafsack auch nice to have, wenn man noch etwas lesen möchte.

ERSATZ-AKKUS

Je nach Länge der geplanten Tour sollte man immer ausreichend Akkus bereithalten. Das sei nachrangig, man komme auch eine Weile ohne Saft klar, meinst du? Okay, dann stell dir doch mal vor, dass du dich zehn Meter unter der Erde in einem Bunker befindest, der einem Labyrinth ähnelt – und plötzlich sind die Akkus deiner Taschenlampe leer. Na, was würdest du jetzt für ein paar gut geladene Akkus geben?

MATERIALKARABINER

Zum Organisieren deiner Ausrüstung am Rucksack oder an deinem Gürtel. Fällt unter Dinge, von denen ich nicht mal wusste, dass es sie gibt, bevor ich mit Outdoor anfing – und ohne die ich heute nicht mehr leben wollte.

KNICKLICHTER

Zum Markieren von bestimmten Positionen, zum Beispiel einem Bunkerzugang. (Wer nicht weiß, was Knicklichter sind: Es handelt sich um Leuchtstäbe, das sind rein chemische Leuchtmittel.)

MULTITOOL

Ein Allround-Werkzeug zum Reparieren oder Einstellen der Ausrüstung, so etwas wie das Lieblingsutensil des gemeinen Handwerkers.

BITKIT

Ein paar passende Bits – etwa Vierkant und Sechskant, Kreuzschlitz und Schlitz in verschiedenen Größen – für das Multitool.

WASSER

Das haben wir doch alle schon von Oma gehört: Junge, du musst genügend trinken. Und sie hatte natürlich recht. Wie bei jeder Tour sollte man auch auf einer Urban-Exploring-Veranstaltung ausreichend Flüssigkeit dabeihaben. Und sei es nur, um nicht gleich in der ersten halben Stunde in Panik zu geraten, wenn man sich mal verirrt.

NAHRUNG

Ohne ausreichendes Essen bin ich absolut nicht leistungsfähig und werde auch schnell unausstehlich. Was natürlich eher ein Problem für mein Umfeld ist als für mich. Ich versuche es trotzdem zu vermeiden … Deshalb habe ich meistens ein bisschen Studentenfutter oder andere energiereiche Snacks dabei. Von fettigen Speisen auf solchen Touren rate ich ab – dann wird der Körper müde.

TELESKOPSPIEGEL

Manchmal braucht man eine ungewöhnliche Perspektive, um sehen zu können, was nötig ist – ein kleiner Spiegel sorgt manchmal für Einblicke, die einem sonst verborgen bleiben.

FERNGLAS

Auf sehr weitläufigem Gelände, wie zum Beispiel alten Militärkasernen oder verlassenen Industrieanlagen, verschaffe ich mir gern mal einen Überblick von einem erhöhten Standpunkt aus. Das hilft manchmal auch, um herbeieilende Ordnungskräfte rechtzeitig auszumachen.

MEHRGASMESSGERÄT

Im Untergrund kann der Sauerstoff auch mal knapp werden. Im schlimmsten Fall befinden sich geruchlose, gefährliche Gase im Inneren eines Gebäudes. Die Gefahr ist nicht zu unterschätzen – erst vor kurzem sind in einer Laube in Süddeutschland sechs junge Menschen an einem geschmack- und geruchlosen Gift im Schlaf gestorben.

SERVICE – WAS BRAUCHE ICH WOFÜR?

GPS
Für einen besseren Überblick und eine optimale Orientierung. Gerade auf dem Gelände alter Militärkasernen, die sich irgendwo im Nirgendwo befinden, ist der Handy-Empfang keine Selbstverständlichkeit.

FUNKGERÄT
Zur Verständigung im Team – kam zum Beispiel bei der Urbex-Aktion in der riesigen unterirdischen Fabrik zum Einsatz, als zwei von uns einen Lüftungsschacht scannten, während der Rest der Mannschaft am Ausgangspunkt blieb. Ohne Funkgerät hätten unsere Späher den ganzen langen Weg zweimal klettern müssen.

POWERBANK
Zur Stromversorgung fürs Handy und zum Laden von Kamera-Akkus.

TREKKING
HIER KOMMT ES AUF JEDES GRAMM AN.

Wenn der Plan lautet, eine gewisse, meistens größere Distanz in der Natur zu überwinden und dabei für mehrere Tage aus dem Rucksack zu leben, kommt es worauf an? Genau, auf zwei Dinge: Der Rucksack sollte nicht so schwer sein. Und es sollten trotzdem alle Sachen hineinpassen, die ihr auf der Tour benötigt. Generell gilt: Weniger ist mehr. Je leichter der Rucksack, umso größer der Spaß. Versteht auch diesmal meine Liste bitte nur als Anregung. Manche Leuten brauchen bloß die Hälfte, um sich zufrieden durchs Land zu schlagen, andere wiederum kommen selbst mit der doppelten Menge an Ausrüstung nicht klar. Das sind die mit dem späteren Rückenleiden ... Nein, ernsthaft: Wie voll so ein Rucksack ist, kommt stark auf die eigenen Bedürfnisse, die Jahreszeit und

auch den Ort an, an dem die Trekkingtour stattfindet. Natürlich benötige ich im Hochsommer keine Wärmejacke und auch keine Handschuhe. Ich hatte auf meiner Alpenüberquerung, die von München nach Venedig ging, allerdings Temperaturen zwischen −4 und 35 Grad, dazu Schneefelder, Sandstrand, Sturm, Nebel, extreme Mittagshitze und alles, was man sich sonst noch so an klimatischen Variationen vorstellen kann – da hätte ich beinahe alles irgendwann mal brauchen können. Ob sich die Mühe gelohnt hätte, auch **alles** mitzuschleppen, bezweifle ich allerdings.

RUCKSACK

Ich habe für den Trekkingbereich schon verschiedenste Modelle getestet und auch lange Gespräche mit anderen Outdoor-Sportlern geführt. Das Ergebnis ist nicht eindeutig: Für einige muss es der schwere, robuste Militärrucksack sein, für den anderen das hauchdünne Ultralight-Modell. Eine Sache habe ich auf jeden Fall gelernt: Das Tragesystem ist für mich das Wichtigste. Ich lebe lieber mit 500 Gramm mehr Rucksackgewicht und habe dadurch einen besseren Tragekomfort.

SCHLAFSACK

Es ist sinnvoll, einen Schlafsack zu wählen, der genau zu den nächtlichen Temperaturen passt. Nicht immer ist doll warm nämlich wirklich doll: Wenn ihr euch im Frühling für einen Winterschlafsack entscheidet, schleppt ihr nicht nur deutlich mehr Gewicht mit euch herum – ihr werdet vermutlich in der Nacht auch unangenehm schwitzen.

ISOMATTE

Mindestens genauso wichtig wie die Beschaffenheit des Schlafsacks ist die Isolation von unten. Warum? Ihr drückt mit eurem Körper die Füllung des Schlafsacks auf der Unterseite platt. Das ist normal, aber eben leider genau die Stelle, an der die Isolation des Schlafsacks nicht mehr funktioniert. Da hilft dann nur eine Isomatte.

ZELT / TARP

Die Frage nach der Unterkunft ist nicht immer einfach zu beantworten. Das Zelt ist robuster, ein Tarp allerdings die leichtere Variante. Muss man von Fall zu Fall entscheiden. Sicherheitsfanatiker bleiben besser beim Zelt.

JACKE

Ich nutze mittlerweile eine wasser- und winddichte Gore-Tex-Jacke. Wichtig ist generell, dass sie große Belüftungsreißverschlüsse unter den Armen hat. So kannst du dein Körperklima selbst ein bisschen regulieren.

WÄRMEJACKE

Es gibt Fleecejacken oder auch leichtere Daunen- oder Kunstfaserjacken. Diese Jacken benötige ich nicht beim Laufen, aber in den Pausen oder auch am Abend bin ich froh, wenn ich sie dabeihabe.

FUNKTIONSWÄSCHE

Der Vorteil ist der schnelle, überwiegend duftfreie Abtransport von Schweiß und die schnelltrocknenden Eigenschaften der Funktionswäsche. Ein Freund von mir sagt immer: «Wer schwitzt, stirbt.» Nun. Ich weiß ja, wie er es meint: Es geht darum, den Körper trocken und warm zu halten.

WANDERSCHUHE

Hier hilft nur eins: Testen. Testen. Testen. Ich habe meine aktuellen Wanderschuhe sehr, sehr lange gesucht. Eine falsche Entscheidung kann schmerzhaft werden. Funktionalität und Passform sind wichtiger als Design. Am besten ist es, einen Shop vor Ort zu suchen und dort die verschiedensten Modelle anzuprobieren. Natürlich solltest du ein bisschen hin und her laufen und die Schuhe am besten auch unter Belastung testen.

SOCKEN

Ich nutze speziell gepolsterte Trekkingsocken. Diese sind meist an Knöcheln und anderen Stellen verstärkt und machen im Vergleich zu normalen Socken einen großen Unterschied im Tragekomfort. Nicht auf einem Kilometer, auch noch nicht auf fünf Kilometern – aber dann werdet ihr es merken.

UNTERWÄSCHE

Ähnlich wie bei der Funktionswäsche ist es sehr wichtig, dass die Unterwäsche schnelltrocknend ist und man sich darin wohlfühlt – synthetische Buxen und Hemden sind bei großer Hitze und im Regen keine Freude.

T-SHIRT

Ich nehme leichte Shirts aus Merinowolle. Kein modisches Statement: Merinowolle hat die Eigenschaft, kaum Geruch anzunehmen.

MÜTZE

Je nach Temperaturprognose kann eine Mütze ein guter Freund werden. Ich kenne Leute, die in kurzer Hose wandern, aber immer eine Wollmütze auf dem Kopf tragen. Der Kopf darf nicht auskühlen. Das gilt auch bei gutem, warmem Wetter: Man wandert ja keine 24 Stunden am Stück, sondern sitzt auch abends gern noch mal gemütlich am Lagerfeuer zusammen. Genau in solchen Situationen sollte man den Körper und den Kopf vor der abendlichen Kälte schützen.

BASECAP

Nicht zu verwechseln mit der Mütze. Gerade in der Mittagszeit an sehr heißen Tagen schütze ich mich mittels einer Basecap vor der Sonne und einem eventuellen Sonnenstich. Und nein, das funktioniert nicht ganz so gut, wenn man den Schirm in den Nacken schiebt ...

HANDSCHUHE

Je nach Jahreszeit verhandelbar, aber gerade wenn man mit Trekkingstöcken läuft, kann man seine Hände nicht zum Wärmen in die Jackentasche stecken.

TUCH

Ich bin im Besitz eines Schlauchschals, der gleichzeitig Multifunktionstuch ist. So kann ich ihn alternativ auch als Mütze benutzen.

GASKOCHER

Für warme Mahlzeiten und das Zubereiten der Trekkingnahrung finde ich persönlich einen Gaskocher am besten geeignet, weil effektiv. Probier es aber gerne selbst aus. Mit einem Holzvergaser oder Spirituskocher kriegt man seine Mahlzeiten auch hin. Du musst auf jeden Fall bedenken, dass man Brennstoffe nicht mit dem Flugzeug transportieren darf und diese dann vor Ort nachkaufen muss. Manche Länder haben andere Ventile für die Gaskartuschen. Ich besitze mittlerweile einen Multifunktionsgaskocher, der verschiedene Anschlüsse unterstützt.

GESCHIRR

Ich nutze einen 750-ml-Titantopf. Der ist extrem leicht und hat die optimale Größe, um damit zu kochen.

BESTECK

Auch hier nutze ich Titan. Es gibt verschiedenste Modelle. Das ist aber keine Frage, die ausschließlich mit praktischen Argumenten zu klären wäre. Jeder soll damit glücklich werden, womit er sich wohlfühlt.

LAMPE

Ich empfehle eine kleine leichte Kopflampe. Es geht ja nicht darum, den halben Wald auszuleuchten, sondern nur darum, den Weg vor sich zu sehen. Auch im Zelt oder bei der leidigen Suche im Rucksack ist ein kleines Licht von Vorteil. Vorsicht: Passende Ersatzbatterien nicht vergessen.

FEUERZEUG

Als Back-up habe ich immer ein ganz kleines Feuerzeug mit dabei.

TREKKINGSTÖCKE

Okay, zugegeben: Die habe ich anfangs immer sehr belächelt. Ist nur was für die lieben Senioren, habe ich gedacht. Inzwischen bin ich aber schlauer. Wer einmal eine Tour mit extremen Höhenmetern zurückgelegt hat, weiß die Vorteile solcher Stöcke zu schätzen. Ich nutze sie seitdem auf jeder größeren Wanderung. Ich habe auch das Gefühl, dass ich dadurch eine deutlich bessere Körperhaltung entwickelt habe.

SONNENBRILLE

Auch nicht bloß ein Coolness-Verstärker: Wenn ihr einmal mittags über ein helles Schotterfeld in den Bergen gelaufen seid, wisst ihr, warum eine Sonnenbrille definitiv einen hohen Nutzwert hat. Hier muss wirklich jeder Schritt sitzen, ansonsten geht es auch mal hundert Meter in die Tiefe.

FEUERSTAHL

Eines der Basics, wenn es ums Überleben geht und wenn man Feuer unter schwierigen Witterungsbedingungen machen möchte. Der Feuerstahl erzeugt sowohl bei Nässe als auch bei extremer Kälte Funken, mit denen man sein Zundernest entzünden kann.

WASSERFILTER

Um verunreinigtes Wasser trinkbar zu machen, empfiehlt sich ein kleiner Filter. Allerdings können damit Verunreinigungen nur bis zu einem gewissen Grad beseitigt werden. Versucht besser nicht, damit Wasser aus jedem beliebigen Fluss zu trinken. Schon gar nicht in Deutschland.

KARTE UND KOMPASS

Wer die moderne Technik nicht mag, kann seine Ziele mit Hilfe von Karte und Kompass bestimmen. Das sollte man allerdings vorher lernen und trainieren, sonst kommt schnell Frust auf.

GPS

Ich nutze öfter sogenannte GPS-Tracks. Die findet ihr im Internet und ladet sie auf euer Gerät. Es zeigt euch dann die genaue Route an und wo ihr euch jeweils befindet. Ihr könnt am PC auch selbst Routen erstellen und planen. Oder euch selbst tracken und euren Weg aufzeichnen, wenn ihr unterwegs seid. Keine Spielerei: Oftmals sind auch wichtige Punkte wie zum Beispiel Wasserquellen und Bäche mit eingezeichnet.

TOURENINFOS

Es gibt für fast alle Wanderwege tolles Touren- / Kartenmaterial. Dort findet ihr wichtige Infos wie Zeitangaben, Kilometerstände, Höhenprofile, Wasserquellen, Einkaufsmöglichkeiten und viele Insiderinfos.

TASCHENMESSER

Ich nutze ein sehr kleines Klapptaschenmesser mit Säge, Pinzette und zwei Klingen.

ERSTE-HILFE-SET
Passt euer Set an die Tour an. Was lauern dort für Gefahren? Gibt es vielleicht in diesem Land spezielle Krankheiten oder auch giftige Tiere?

HYGIENE-KIT
Zahnbürste, Zahnpasta, biologisch abbaubare Seife, Sonnencreme, Hirschtalgcreme (gegen Blasen), Toilettenpapier.

WASSER
Ich trinke auf solchen Touren 4 bis 6 Liter Wasser am Tag. Eine solche Menge kann man meistens gar nicht mitschleppen – deshalb ist eine Vorrecherche verdammt wichtig. Erkundigt euch genau, wie es mit der Wasserversorgung vor Ort aussieht. Gibt es Quellen? Bäche? Kann man irgendwo Getränke kaufen?

SERVICE – WAS BRAUCHE ICH WOFÜR?

ESSEN

Es gibt spezielle Outdoor-Trekkingnahrung, die reichlich Energie liefert. Ansonsten habe ich gern Studentenfutter, Trockenobst, Knacker, Knäckebrot und Ähnliches mit. Die Schwierigkeit dabei ist das optimale Gewicht-Energie-Verhältnis. In vielen Lebensmitteln steckt enorm viel Wasser, und das ist schwer. Ein bisschen Obst und Gemüse ist unterwegs sehr lecker, klar, aber eben nicht gerade leicht.

POWERBANK

Zur Stromversorgung von Handy, GPS und anderen elektronischen Geräten.

GEWICHT DES RUCKSACKS

Was das Gesamtgewicht angeht, gibt es natürlich extreme Schwankungen. Ihr könnt den Rucksackinhalt für eine Sommertour auf Mallorca nicht mit dem für eine winterliche Schwedentour vergleichen. Ich möchte daher an dieser Stelle gar nicht zu sehr aufs Gewicht eingehen. Das muss individuell angepasst werden. Ich habe schon Touren bewältigt, auf denen war ich mit 8 Kilogramm unterwegs, bei anderen wog der Rucksack schon mal 16 bis 17 kg.

Nur ein kleiner Tipp am Rande: Bevor ihr euren Rucksack packt, legt am besten eure komplette Ausrüstung auf den Boden. Sammelt erst mal alles, was ihr für unentbehrlich haltet. Und dann geht ihr noch einmal jeden einzelnen Gegenstand durch und überlegt, ob der wirklich sein muss. Ist er essenziell oder eher angenehmer Luxus? Könnte man ihn vielleicht durch etwas Leichteres ersetzen? Wenn ihr dann wieder zurück von eurer Tour seid, macht ihr das Ganze noch einmal. Ihr packt alles wieder auf den Boden und macht euer eigenes Ausrüstungs-Postmortem. Geht wieder jeden Ausrüstungsgegenstand durch: Habe ich ihn benutzt? Wie oft habe ich ihn benutzt? War er wirklich notwendig? Könnte ich drauf verzichten? Was hat mir gefallen? Was könnte besser funktionieren?

Das bezieht sich nicht nur auf das Gewicht des Rucksacks, sondern auf alle Eigenschaften. War der Schlafsack warm genug? War meine Regenjacke dicht? Hat der Rucksack vom Volumen her gereicht? Das einfachste für jede Optimierung ist es, sich selbst Fragen zu stellen und sie ehrlich zu beantworten. Und natürlich sich an die Antworten zu erinnern, wenn man beim nächsten Mal wieder seinen Rucksack packen muss.

BACKPACKS
WAS MAN BEI DER WAHL EINES RUCKSACKS BEDENKEN MUSS. (SONST DROHT RÜCKEN ...)

Ich habe mir über die Jahre die verschiedensten Rucksackmodelle angeschafft. Vom kleinen 6-Liter-Tagesrucksack bis hin zum 100-Liter-Tourenrucksack. Nicht weil ich eine Sammelleidenschaft habe, nein: Ich nutze wirklich jeden meiner aktuell neun Rucksäcke. Zugegeben: Das ist ein wenig extrem, weil ich wirklich pingelig bin und für jede Tour perfekt ausgerüstet sein will. Es geht natürlich auch mit weniger Auswahl. Ich denke, drei Rucksackvarianten braucht man als Outdoor-Freund allerdings schon, um für die verschiedenen Unternehmungen gerüstet zu sein. Es kommt immer darauf an, was ihr vorhabt und wie viel ihr am Ende wirklich unterwegs seid.

Schlicht gesagt: Ihr braucht die Varianten klein, mittel und groß. Meine kleinen Rucksäcke (zwischen 6 und 25 Litern) nutze ich für Tagestouren und auch im Alltag. Optimal sind Rucksäcke, die ihr in der Größe variieren könnt oder die sich durch seitliche Riemen zusammenziehen lassen. Meine mittleren Rucksäcke fassen zwischen 25 und 45 Liter. Diese nutze ich für sommerliche Touren und Wanderungen mit Übernachtung unter freiem Himmel. Schlafsack, Isomatte und Co. benötigen schon etwas Platz. Wenn ich meine ganze Kameraausrüstung dabeihabe, kann es gut sein, dass ich diese Größe auch als Tagesrucksack einsetze.

SERVICE – WAS BRAUCHE ICH WOFÜR?

Zuletzt kommen die 45-bis-100-Liter-Rucksäcke zum Einsatz. Davon besitze ich nur ein Modell, das ich meist im Winter oder für längere Rucksacktouren nutze. Das ist ein 100-Liter-Rucksack, an dem man modular verschiedene Taschen ablösen kann. Dann kommt man immer noch auf 70 bis 80 Liter.

Das Allerwichtigste bei der Rucksackwahl ist das passende Tragesystem. Sucht euch ein Modell aus und testet es unter voller Belastung. Und zwar nicht nur ein bis zwei Minuten, sondern 20 bis 30 Minuten am Stück. Ein Verkäufer in einem Outdoor-Laden hat mir mal einen echt guten Tipp gegeben: Wartet, bis ihr an einen extrem anstrengenden Tag geraten seid, der euch so richtig fertiggemacht hat. Dann legt noch ein 20- bis 30-minütiges Power-Workout ein, um euch so richtig fertigzumachen. Jetzt seid ihr an einem Punkt, an dem ihr wahrscheinlich keine Lust mehr habt, euch mit dem Thema Rucksackwahl zu beschäftigen. Aber genau jetzt ist der ideale Zeitpunkt dafür. Ihr seid schon völlig überlastet und euer Körper im Grenzbereich des Erträglichen angelangt. Wenn ihr jetzt die Rucksäcke unter voller Belastung ausprobiert, merkt ihr jede Schwachstelle im Tragesystem sofort. Was ihr fit und gut gelaunt vielleicht mit «Ach, das geht schon» abgetan hättet, ruft unter diesen Umständen ein «Oh mein Gott, der Rucksack drückt hier, hier und hier» hervor.

Ich habe diverse Rucksäcke später wieder verkauft, weil ich erst auf Touren im Ernstfall gemerkt habe, dass sie für mich und meine Anatomie nicht passend waren. Was bei einem Freund super funktioniert, kann bei euch die Hölle sein – also testen, bis man ein gutes Gefühl hat. Natürlich könnten wir jetzt noch über Punkte wie Verarbeitungsqualität, Fachaufteilung, Gewicht, Optik etc. sprechen. Ich denke aber, das sollte jeder selbst einschätzen können und für sich anpassen. Ein letztes Mal sage ich allerdings: Denkt daran, dass der schönste Rucksack nach wenigen Kilometern zur Qual wird, wenn das Tragesystem nicht zu euch passt!

Ein wichtiger Punkt bei der Tourvorbereitung ist auch das richtige Packen. Achtet darauf, dass die schweren Sachen sich möglichst nah an den Rücken schmiegen. Der Schwerpunkt des Rucksacks soll nicht vom Körper weggehen. Je näher ihr das Gewicht an den Körper bringt, umso angenehmer ist es, den Rucksack zu tragen.

Mindestens genauso wichtig wie die Rucksackwahl ist das richtige Einstellen des Rucksacks. Bei einem leichten Tagesrucksack mit 5 bis 6 Kilogramm kann man eigentlich nicht viel verkehrt machen, aber gerade bei größeren Rucksäcken mit höherer Belastung solltet ihr Folgendes beachten: Nehmt den gepackten Rucksack und lockert alle Riemen. Setzt den Rucksack auf, platziert den Hüftgurt mittig auf dem Hüftknochen und zieht den Gurt zu. Zieht die Schulterträger fest, allerdings so, dass die Hauptbelastung weiterhin auf dem Hüftknochen liegt. Sind die Träger zu fest, drohen Verspannungen, und der Schulterbereich ermüdet sehr schnell. Viele Rucksäcke lassen sich in der Höhe verstellen bzw. an die Körpergröße anpassen. Am besten ist es, einen kompetenten Shop vor Ort mit qualifizierten Mitarbeiten zu suchen, die das übernehmen können. Es gibt bei den meisten Rucksäcken außerdem sogenannte Lastenkontrollriemen. Diese befinden sich auf den Schulterträgern und dem Hüftgurt. Damit könnt ihr das komplette Rucksackgewicht noch einmal näher und stabiler an den Körper bringen. Aber noch mal: Wichtig ist, dass die Hauptbelastung auf der Hüfte und nicht auf der Schulter oder dem Nacken liegt. Ich persönlich variiere bei sehr langen Touren auch gerne einmal. Zwischendrin für ein paar Kilometer den Hüftgurt zu lockern und mit den Händen den Halt an den Schulterriemen zu unterstützen kann ganz angenehm sein.

SERVICE – WAS BRAUCHE ICH WOFÜR?

MOBILE HOMES
ÜBERNACHTEN
IN FREIER NATUR.

«Wie übernachte ich am besten unter freiem Himmel?» ist eine der Fragen, mit denen ich immer wieder konfrontiert werde. Die meisten Outdoor-«Amateure», die noch nicht viel über mein Hobby wissen, kennen eigentlich nur das Zelt. Es ist der Klassiker, wenn es darum geht, mal eine Nacht unter dem Sternenhimmel zu verbringen. Ein Zelt hat den großen Vorteil eines geschlossenen Systems und bietet damit – je nach Modell – einen sehr guten Wetterschutz. Wenn ein Zelt richtig aufgebaut und abgespannt ist, hält es Regen und Wind optimal ab. Wichtig: Wählt immer ein Modell, das ein Außen- und ein Innenzelt hat. Durch eure Körperwärme und die verbrauchte Luft habt ihr im gesamten Zelt stets eine höhere Temperatur als draußen in der Natur. Es entsteht Feuchtigkeit, und die muss natürlich irgendwohin. In der Regel setzt sich diese Feuchtigkeit an den Seiten bzw. der Decke des Zeltes ab. Seid ihr mit einem Innen- und Außenzelt ausgerüstet, ist das kein Problem, euer Innenzelt bleibt trocken. Was mit einwandigen Zelten passiert, kann man sich mit ein wenig Phantasie ausmalen: Die Feuchtigkeit setzt sich auch hier ab, läuft dann aber direkt in den Zeltboden. Und wenn du Pech hast, auch in deinen Schlafsack und die restlichen Ausrüstungsgegenstände. Beim Außenzelt hingegen tropft sie am untersten Ende ab und versickert im Boden. Du hast also die Wahl zwischen einer trockenen, gemütlichen Nacht oder einem feuchten, unangenehmen Wach-Schlaf-Gemisch, das dich recht übellaunig in den nächsten Tag starten lassen dürfte.

Ein Problem gibt es allerdings immer beim Zelt – vor allem bei zweiwandig-kompakten: Der große Nachteil ist sein Gewicht. (Und der unangenehme Umstand, dass wildes Zelten in Deutschland verboten ist. Auf die rechtliche Situation komme ich aber später noch zu sprechen.) Es gibt

MOBILE HOMES

mittlerweile Modelle, die im Vergleich relativ leicht sind, aber dafür auch verdammt teuer. Überlegt euch also genau, was ihr plant. Lauft ihr sehr viel, seid ihr wirklich tagelang mit dem Rucksack unterwegs?

Ein wichtiger Punkt bei der Entscheidung, ob man sich ein Zelt auf den Buckel lädt oder doch lieber nach leichteren Alternativen Ausschau hält, ist natürlich das eigene emotionale Empfinden bei einer Übernachtung im Freien. Wie sehr braucht ihr die Nähe und die Verbundenheit zur Natur? In einem Zelt ist man in der Regel ziemlich abgeschottet. Bei schlechtem Wetter ist das ja auch die Idee. Wenn's klimatechnisch aber mal gut läuft, kann man maximal das Eingangstörchen ein wenig öffnen, und auch das ist oft verbunden mit Reißverschluss-Komplikationen und technischen Behelfs-Tricksereien.

Mit einer Plane oder einem Tarp hingegen liegt man, je nach Aufbau, mitten in der Natur. Die Plane dient ja nur als Dach, das einen von oben oder auch von der Seite vor Regen und Wind schützt. Der Vorteil einer solchen Lösung: ein oft wunderschöner Ausblick selbst in bequemer Rückenlage und das Gefühl, wirklich mittendrin in der Natur zu sein. Der Nachteil, den ich nicht verschweigen will: An manchen Orten bettet man sich für den einheimischen Moskito quasi auf dem Präsentierteller. In Schweden beispielsweise würde ich in der Nähe eines Gewässers – und die sind da überall – von einer Plane oder einem Tarp abraten, toller Sternenhimmel hin oder her.

Falls sich aber die Region, in der du übernachten willst, als überwiegend insektenarm erweist, gibt es kaum etwas Schöneres als eine Nacht im Freien. Ich erinnere mich besonders gern an eine tolle Tour im Jasmund Nationalpark auf Rügen. Ich war wieder einmal mit meinem Freund Bommel unterwegs, meinem treuesten Begleiter in den letzten Jahren. Wir haben einige gemeinsame Touren miteinander erlebt, auch die Alpenüberquerung zusammen geschafft – viele der Erlebnisse, die mein Outdoor-Leben in den letzten Jahren geprägt haben, wären ohne ihn nur schwer vorstellbar gewesen. Unterwegs verstehen wir uns blind. Wenn wir etwas so Wunderschönes sehen wie den Nationalpark auf Rügen, sind wir sogar in der Lage, gemeinsam den Mund zu halten und zu stau-

nen. Findet man nicht so häufig – so eine Gegend und so einen guten Freund.

Wir bestaunten die Kreidefelsen und das Meer an diesem Tag. Am zweiten Abend trafen wir noch ein paar Gleichgesinnte und kochten mit Meerwasser Kartoffeln in unseren kleinen Trinkbechern. Bis spät in die Nacht hockten wir beseelt am Lagerfeuer und genossen die herrliche Aussicht direkt am Meer. Die Ostsee war ruhig und leise. So still, wie ich sie sonst selten erlebt hatte. Ich ging irgendwann schlafen und machte es mir unter unserem Tarp gemütlich, das wir als schlichtes Schrägdach aufgebaut hatten. Ich konnte aus meinem Schlafsack das Meer, den Strand und den Sternenhimmel sehen und fühlte mich von meinem improvisierten Wetterschutz trotzdem prima behütet. Bei diesem herrlichen Wetter war das auf jeden Fall die beste Lösung. So konnte ich den wunderschönen Ort die ganze Nacht genießen. Immer wieder wachte ich auf, und anders als sonst, wenn man sich in so einem Fall genervt hin- und herwälzt, genoss ich das Aufwachen jedes Mal aufs Neue für ein paar Minuten. Ich betrachtete die herrliche Natur um mich herum, als ob ich sie zum ersten Mal sähe, und freute mich, bevor ich wieder für eine Runde im Reich der Träume versank.

Eine weitere Möglichkeit neben Zelt, Tarp und Plane ist natürlich der Biwaksack. Den darf man sich vorstellen wie einen zweiten großen Schlafsack, einen aus festerem Zeltmaterial allerdings. In so einen Biwaksack gehören eine Isomatte und ein Schlafsack hinein und am Ende natürlich man selbst. Im Biwaksack ist es ziemlich eng, und es soll Menschen geben, die gerade diesen Aspekt schätzen, weil sie sich so rundum beschützt fühlen. Ein weiterer Vorteil: Der Biwaksack ist wohl die leichteste Variante von allen. Man kann ihn auch komplett schließen, was dem Binnenklima im Sack aber durch die verbrauchte Luft nicht guttut, selbst wenn er atmungsaktiv ist. Mein Biwaksack hat noch eine Zusatzvorrichtung: Man kann vorn ein Fliegengaze draufspannen. Das schützt vor der Invasion krabbelnder und fliegender Kleintiere, während ich trotzdem freien Blick in die Natur habe, und die Frischluftzufuhr ist auch garantiert. Manchmal nutze ich zusätzlich zum Biwaksack noch ein sehr, sehr kleines Tarp. Das spanne ich über meinen Kopfbereich und achte darauf, dass auch mein Rucksack und meine Schuhe darunter noch ein beschütztes Plätzchen für die Nacht finden.

Wie so oft im Outdoor-Bereich gibt es auch bei der Frage nach dem perfekten Übernachtungssystem keine allgemeingültigen Antworten. Die verschiedensten Varianten sind möglich, inklusive diverser Kombinationsmöglichkeiten untereinander. Es gibt kein eindeutiges Gut oder Schlecht. Man kann allerdings sehr schlechte Entscheidungen treffen – wer sich mal in einer kalten Regennacht für ein schmales Tarp entschieden oder eine heiße Nacht im stickigen Zelt überstanden hat, weiß, wovon ich spreche. Alle diese Möglichkeiten haben ihre Vor- und Nachteile. Ich verfüge inzwischen über jede der vorgestellten Varianten. Ob ich ein Zelt, ein Tarp oder den Biwaksack einsetze, entscheide ich vor jeder Tour neu. Das liegt aber auch daran, dass es mir verdammt viel Spaß macht, mein Equipment unter verschiedensten Bedingungen immer wieder zu testen.

SERVICE – WAS BRAUCHE ICH WOFÜR?

Als letzte Variante gibt es schließlich noch die Möglichkeit einer Hängematte, des Sofas des Lebenskünstlers. Ich empfehle eine Hängematte aber nur in Kombination mit einem Tarp. So ein bisschen Regenschutz von oben goutiert auch der lässigste Draußenschläfer. Wer allerdings gerne auf dem Bauch liegt, wird mit so einer Hängematte wohl nicht glücklich. Ich persönlich fand die gemusterten Hängelappen anfangs etwas gewöhnungsbedürftig. Inzwischen finde ich den Komfort so einer hängenden Matratze aber nicht schlecht. Ich habe schon viele Nächte in einer Hängematte übernachtet und immer hervorragend geschlafen. Der große Vorteil ist, dass du dir keine Gedanken über den Untergrund machen musst. Bei allen anderen Varianten musst du immer nach einer möglichst ebenen Fläche suchen. Es sollten keine Wurzeln oder Steine unter deinem Schlafplatz liegen, sonst wird sich dein Rücken am nächsten Morgen bedanken. Außerdem besteht die Gefahr, dass die Ausrüstung beschädigt wird. Und das ist leichter gesagt als getan: Finde in der freien Natur einmal einen vollkommen ebenen Untergrund, der einem Wasserwaagen-Test standhalten würde. Meistens muss man zumindest eine kleine Schräglage in Kauf nehmen. Wenn das so sein sollte, dann schlafe mit dem Kopf am besten auf der leicht erhöhten Seite. Auf meinem YouTube-Kanal habe ich in dem Video *Hägematte vs. Tarp* die Vor- und Nachteile der beiden Schlafplätze aufgezeigt. Manchmal sind Bilder doch ganz hilfreich, um zu visualisieren, was mit vielen Worten ungleich schwerer auszudrücken ist.

Zum Thema Biwaksack fällt mir noch eine witzige Geschichte ein: Ich war 2016 auf Mallorca und bin dort den legendären GR221 gewandert, auch bekannt als Trockenmauer-Route. Das war eine ziemlich spontane Idee, und nur zwei, drei Stunden später hatte ich auch schon den Flug gebucht. Der Weg führt durch das Serra-de-Tramuntana-Gebirge und ist knapp 150 Kilometer lang. Ich war mit leichtem Gepäck unterwegs und hatte einen Biwaksack dabei.

Am ersten Tag konnte ich erst gegen 12 Uhr loslaufen, früher war kein Flug aus Berlin zu bekommen gewesen. Ich wollte allerdings noch ordentlich Kilometer machen und bin noch so lange im Dunkeln weitergewandert, bis ich körperlich ziemlich erschöpft war und entschied: Zeit für das Nachtlager. Ich befand mich allerdings zu diesem Zeitpunkt auf einem Abstieg. Es war dort gar nicht so einfach, einen halbwegs flachen Platz für die Nacht zu finden. Ich suchte und suchte und fand schließlich eine Stelle, die für meinen Geschmack optimal aussah. Also baute ich meine Unterkunft für die Nacht auf, nahm noch schnell das Nötigste zu mir, um dann todmüde in meinem Schlafsack zu versinken. Neben mir lagen relativ offen mein Rucksack mit meiner Wasserflasche und meinen Schuhen.

Irgendwann mitten in der Nacht wurde ich wach und wunderte mich im Halbschlaf, was mich da durch meinen Biwak- und meinen Schlafsack hindurch an den Füßen drückte. Ich schaute mich um und konnte auf den ersten Blick weder Rucksack, Schuhe noch Wasserflasche entdecken, wo sie vorher vermeintlich gestanden hatten. In Sekundenschnelle war ich hellwach: Mit meiner Lampe leuchtete ich in leichter Panik meine Umgebung ab. Meine Sachen waren alle noch da – nur zwei Meter über mir. Offenbar war ich im Schlaf gut zwei Meter mit meinem Biwaksack Richtung Tal gerutscht. An der Stelle, an der ich meinen müden Leib gebettet hatte, war es noch halbwegs flach, aber da, wo ich jetzt lag, ging's schon deutlich steiler bergab. Wäre da nicht die Wurzel gewesen, die mich aus dem Schlaf «gedrückt» hatte, wer weiß, wo ich in dieser Nacht noch gelandet wäre.

Heute kann ich darüber lachen, aber ich erinnere mich, dass mir damals auf Mallorca doch einen Moment ganz schön mulmig war. Seitdem achte ich noch ein wenig mehr darauf, dass ich für meinen Schlafplatz einen ebenen Untergrund ausfindig mache, selbst wenn die Suche etwas länger dauern sollte.

SERVICE – WAS BRAUCHE ICH WOFÜR?

WAS FÜR UNTENRUM
WARUM EIN GUTER SCHLAFSACK WIE EIN FREUND FÜRS LEBEN SEIN KANN (UND SOLLTE). UND IMMER AN DIE MATTE DENKEN!

Das ist ja an anderer Stelle schon kurz zur Sprache gekommen: Bei der Wahl eines Schlafsacks kommt es auf den Komfortbereich bzw. das Komfortlimit an. Der sogenannte Extrembereich eines Schlafsacks sagt meistens nur aus, dass ihr in einem solchen Sack überlebt, aber an Schlaf oder sogar gemütlich-heimeligen Komfort ist darin nicht wirklich zu denken. Dabei ist der Schlafsack ein sehr wichtiger Bestandteil der Ausrüstung eines Outdoor-Sportlers: Ohne eine gute Nacht und tiefen Schlaf sind die Wanderung, der Bergaufstieg oder das Klettern am folgenden Tag nur halb so schön. Guter Schlaf ist sehr wichtig für die Regeneration nach großen körperlichen Anstrengungen. Lasst euch nichts erzählen von der vermeintlichen Überlegenheit der Nichtschläfer, von Leuten wie Barack Obama oder Edmund Stoiber, die angeblich mit vier Stunden auskommen, oder Napoleon, der sich brüstete, kaum je zu schlafen. (Was eine Lüge war, denn es gibt Berichte darüber, dass der kleinwüchsige Franzose im Sattel seines Pferdes nie aufrecht gesessen habe …) Schlaf ist wichtig, Schlaf ist gesund, und weil das so ist, sucht euern Schlafsack mit Bedacht aus.

Ich habe zwei davon, einen bis null Grad tauglichen, den ich als Drei-Jahreszeiten-Schlafsack bezeichnen würde, und einen Winterschlafsack, der bis minus 30 Grad taugt. Dieser ist natürlich deutlich schwerer und größer. Er ist allerdings auch deutlich gemütlicher. Ich gestehe, dass ich sein Gewicht hin und wieder auch schon auf einer kühlen Herbsttour in Kauf nehme, um etwas kuscheliger zu schlafen.

Beim Schlafsack solltet ihr auch auf die Größe achten. Die Luft im Inneren wird durch eure Körperwärme erhitzt und die Isolation des Schlafsacks hält sie dort auch drin, was den Schlafkomfort in der Regel deutlich

steigert. Wenn ihr nun einen übergroßen Schlafsack dabeihabt, muss entsprechend mehr Luft erwärmt werden. Ich empfehle ein gesundes Mittelmaß: Bewegungsfreiheit kombiniert mit Wärmekonservierung = perfekt! Aus diesem Grund gibt es die meisten Modelle in verschiedenen Längen.

Die Isomatte ist für einen guten Schlaf im Zelt aber mindestens genauso wichtig, da ihr mit eurem Körpergewicht das isolierende Luftpolster auf dem Rücken platt drückt. Das wird kühl! Ohne die nach unten abdichtende Isomatte wird man die Nacht nicht ungestört durchschlafen. Doch auch bei Isomatten gibt es Unterschiede. Ich besitze zwei Varianten, habe sie unter diversen Einflüssen getestet und benutze sie auch beide. Isomatten gibt es zum einen aus Schaumstoff, andere lassen sich aufblasen. Schaumstoff hat den Vorteil, dass er nur sehr schwer zu zerstören ist, man müsste es schon sehr darauf anlegen, so eine harmlose Isomatte zu zerlegen. Dafür ist so eine Schaumstoffunterlage natürlich nicht ganz so bequem. Ich besitze ein Modell, das durch sein Eierschachtel-Design eine Kampfdicke von üppigen zwei Zentimetern erreicht. Also keine dieser typisch glatten Matten, sondern eine mit gleichmäßigen Vertiefungen und Erhöhungen – wie bei einer Eierschachtel –, die gut für die Wärmeregulierung sind. Praktisch ist, dass die Schaumstoffmatte immer gleich einsatzbereit ist, wenn sie gebraucht wird. Ich nutze sie oft auch als Sitzkissen oder direkt neben dem Lagerfeuer. Ihr Gewicht ist meistens, bis auf ganz wenige Ausnahmen, erträglich. Die Isolationsleistung ist allerdings nicht so gut wie bei den meisten aufblasbaren Modellen. Diese Isomatten füllt man – Überraschung! – mit Luft, sie funktionieren teilweise so ähnlich wie ein Schlafsack. Die Luftschicht in der Matte dient zur Isolation, es wird ein spezielles Material verwendet, damit die Wärme konserviert wird.

Wer es sich draußen ganz besonders gut gehen lassen will, kann sich auch eine Isomatte besorgen, die mit Daunenfedern gefüllt ist. Für winterliche Touren weit unter null Grad sind die prima geeignet, ansonsten ein verzichtbarer Luxus.

Ich besitze eine verhältnismäßig große Matte, die ich gern im Winter benutze, sie hat eine Stärke von stolzen neun Zentimetern. Ich habe manchmal sogar den Verdacht, dass ich darauf besser schlafe als in meinem Bett zu Hause. Der große Nachteil von aufblasbaren Matten, ihr könnt es euch denken: Sie sind anfälliger als Fahrradreifen, ständig entweicht die Luft daraus, vor allem, weil man nie sicher ist vor spitzen Gegenständen. Auf einer Tour im letzten Sommer bin ich mitten in der Nacht mit schmerzendem Rücken aufgewacht, weil ich nur noch auf der Außenhülle der ehemals prall aufgeblasenen Isomatte lag. Aus der war nun definitiv die Luft raus. Obwohl anfälliger, sind die aufblasbaren Matten dennoch deutlich teurer. Also, wenn's schnell und sicher gehen soll: Auf Schaumstoffmatten kann ich mich überall hinlegen und sofort einschlafen. Egal ob auf Kies oder kleinen spitzen Stöckern – alles Latte mit der Matte.

DER GOLDENE SCHNITT
WAS MAN BEDENKEN SOLLTE, WENN MAN EIN MESSER AUSWÄHLT. (ABER JA: NEHMT EIN MESSER MIT!)

Das Thema habe ich ja schon bei der Packliste fürs Bushcraft kurz angesprochen. Wichtig bei der Messerwahl ist, dass ihr euch zuerst ein paar Fragen stellt: Welchen Einsatzzweck wird es vorrangig haben? Spielt das Gewicht eine Rolle? Was sind die normalen Aufgaben, die ich damit erledigen möchte? Ich setze meine Messer in zwei großen Bereichen ein, aus diesem Grund besitze ich auch genau zwei Messer. Zum einen ist das ein kleines Klapptaschenmesser mit zwei flachen Schnitzklingen und einer Säge. Es ist sehr leicht und gerade einmal neun Zentimeter lang. Es passt prima in jede Hosentasche. Dieses Messer nutze ich für meine Trekkingausflüge, um damit alltägliche Sachen zu erledigen: Äpfel schälen, Verpackungen öffnen oder auch mal den überstehenden Faden an der Kleidung entfernen. Darüber hinaus kann ich es aber auch als Schnitzmesser beim Bushcraften einsetzen. Da es klein und handlich ist, eignet es sich besonders für die feinen Arbeiten.

Das zweite Messer in meinem Besitz sieht schon etwas gefährlicher aus: Es ist meine Lösung fürs Grobe. Es ist auch kein Taschenmesser, sondern ein Messer mit feststehender Klinge aus einem großen Stück Stahl. Wenn du jetzt eine Machete vor Augen hast, muss ich dich allerdings enttäuschen. Es hat eine übersichtliche Gesamtlänge von 21 Zentimetern und eine Klingenlänge von 10 Zentimetern. Das reicht mir vollkommen aus, ich möchte ja nicht den Eindruck erwecken, ich führte eine Waffe spazieren. Ich kann damit Feuerholz klein machen, Äste kürzen oder auch eine komplette Notunterkunft bauen, falls ich in einer Situation sein sollte, die das von mir verlangt. Ich habe früher auch schon deutlich größere Messer besessen, aber in der Praxis hat sich gezeigt, dass ich damit nicht ordentlich arbeiten kann.

SERVICE – WAS BRAUCHE ICH WOFÜR?

Beim Umgang mit dem Messer sollten ein paar logische Grundregeln beachtet werden. Auf einem Bushcraft-Treffen im vergangenen Winter habe ich zum ersten Mal vom sogenannten **Blutkreis** gehört. Klingt martialisch, bezeichnet aber eine defensive Schutzzone: Wenn du deinen Arm ausstreckst, ihn mit dem kompletten Messer verlängerst und dich dann einmal im Kreis drehst, hast du deinen Blutkreis definiert. Sobald du mit dem Messer arbeitest oder es auch nur in der Hand hältst, sollte sich in diesem Radius kein anderer Mensch befinden. Zudem gilt: Wenn du mit dem Messer arbeitest, solltest du entweder einen sehr festen Stand haben oder, besser noch, sitzen. Bist du in einer instabilen Position oder läufst du sogar mit dem Messer in der Hand, droht beim Verlust des Gleichgewichts ein Sturz. Und mit dem Messer in der Hand kann das ganz schnell zu einer Katastrophe führen, wenn du nämlich unglücklich genau in die Klinge fällst. Alles schon mehr als einmal vorgekommen. Vielleicht stolperst du aber auch und lässt im Fallen das Messer los, sodass es unkontrolliert direkt eine Person in deiner unmittelbaren Umgebung verletzen kann. Ihr seht schon: Messer sind praktisch, aber nicht ungefährlich.

Wichtig ist, dass immer vom eigenen Körper weggeschnitzt wird und der Bereich, in den die Klinge vordringt, völlig frei von Menschen und eigenen Körperteilen ist. Braucht man nicht extra zu betonen, denkt ihr? Dann überlegt mal, was ihr beim Äpfelschneiden im Wald zuletzt als Ablage benutzt habt. Na? Ich wette, zwei von drei haben sich jetzt unwillkürlich an den Oberschenkel gefasst. Der bietet sich tatsächlich oft als Ablage an. Ich sage: Denkt in Zukunft nicht mal mehr drüber nach, das erneut zu tun. Ein tiefer Schnitt im Gewebe ist nicht nur schmerzhaft und blutig, er ist auch sehr gefährlich. Überlegt euch einfach **immer**, wohin das Messer ausbrechen könnte, wenn ihr die Kontrolle darüber verliert. Und zwar bevor ihr in der Ambulanz des örtlichen Krankenhauses sitzt. Auch die Übergabe eines Messers kann gefährlich sein. Wie oft kommt ein Freund und sagt beiläufig: «Hey, gib mal dein Messer kurz rüber.» Da ist es schnell passiert, dass ihr unüberlegt und unkontrolliert danach langt und plötzlich mit der Handinnenfläche saftig in die Klinge greift.

DER GOLDENE SCHNITT

So geht es richtig: Ihr greift das Messer mit Daumen und Zeigefinger in der Mitte des Griffs und lasst es mit der Spitze zu euch zeigen. Die Klingenrückseite liegt jetzt genau in der Mulde zwischen Daumen und Zeigefinger, die Schneide zeigt nach oben. Jetzt haltet ihr euren Arm seitlich, sodass die Spitze, wenn ihr Rechtshänder seid, auch rechts außen weg von eurem Körper zeigt. Auf den ersten Blick eine etwas ungewöhnliche Messerübergabe, aber wenn man sich die Position des Messers genauer anschaut, absolut logisch. Eurer Freund kann das Messer jetzt an der Rückseite des Griffes anfassen und es gefahrlos an sich nehmen. Die gefährliche Seite, also Klinge und Spitze, zeigen sowohl von euch als auch eurem Freund weg.

Beim Arbeiten mit dem Messer gibt es auch verschiedenste Techniken. Ich nutze zum Beispiel sehr oft die Unterstützung meines anderen Daumens. Die linke Hand umfasst das Werkstück, und der Daumen schiebt den vorderen Teil der Klinge direkt ins Holz.

Es besteht auch die Möglichkeit, den eigenen Rücken beim Schnitzen als Hebel einzusetzen: Dieser ist ja bekanntlich ein sehr großer Muskel und liefert ordentlich Kraft. Du nimmst das Messer in die geballte Faust und drehst es um 180 Grad, sodass die Schneide zu dir zeigt. Die Klinge des Messers verlässt dabei auf der Daumenseite die Faust. Jetzt setzt du die Griffrückseite auf die Mitte deines Brustkorbs, in der linken Hand ist der Ast, den du durchtrennen willst. Im nächsten Schritt drückst du deine Schultern nach vorn, setzt das Werkstück an die Klinge und führst den Druck beim Schnitzen nicht über die Arme aus, sondern indem du deine Schultern nach hinten ziehst. Es ist echt krass, was auf diese Weise für Kräfte entstehen.

Eine kleine Technik, die man sowohl für grobe als auch für feine Arbeiten nutzen kann, ist das Batoning. Die Klinge wird dabei auf die gewünschte Stelle gesetzt, und man schlägt mit einem Schlagknüppel aus Holz auf die Rückseite der Klinge. So kannst du perfekt größere Holzscheite aufspalten oder auch Kerben in einen Ast schlagen.

Ein Thema, an dem wir nicht vorbeikommen, wenn wir über Messer reden, ist die rechtliche Situation: Was sagt denn eigentlich das Gesetz?

Darf man so einfach ein Messer mit sich führen und wenn ja: Wie groß darf es sein? Wie muss es beschaffen sein? Ist es meldepflichtig? Hier ein Auszug aus dem deutschen Waffengesetz (WaffG):

§ 42A VERBOT DES FÜHRENS VON ANSCHEINSWAFFEN UND BESTIMMTEN TRAGBAREN GEGENSTÄNDEN

«Es ist verboten, Messer mit einhändig feststellbarer Klinge (Einhandmesser) oder feststehende Messer mit einer Klingenlänge über 12 Zentimeter zu führen. Das gilt allerdings nicht, sofern beim Halter des Messers ein berechtigtes Interesse vorliegt. Ein berechtigtes Interesse liegt insbesondere vor, wenn das Führen der Gegenstände im Zusammenhang mit der Berufsausübung erfolgt, der Brauchtumspflege, dem Sport oder einem allgemein anerkannten Zweck dient.»

Ich versuche das mal nach bestem Wissen und Gewissen zu übersetzen: Hier geht es um das Führen eines Messers und die Frage, was ich in der Öffentlichkeit bei mir tragen darf. (Auf meinem Privatgrundstück sieht das wieder ganz anders aus.) Kurz gesagt: Ich darf kein Taschenmesser führen, das sich mit nur einer Hand öffnen lässt, und keine Messer mit einer feststehenden Klinge von über 12 Zentimetern. **Butterflys** sind übrigens ohnehin verboten – und sie haben meiner Meinung nach auch nichts mit Outdoor-Hobbys zu tun. Es gibt also sehr viele Messer, die unter den auf diese Weise definierten Bereich des Führungsverbots fallen. Es ist aber auch von «berechtigtem Interesse» in Ausnahmefällen die Rede. Was heißt das? Nun, komplexe Frage. Dass du ein berechtigtes Interesse daran haben könntest, dein Leib und dein Leben im dunklen Wald mit einer Machete zu verteidigen, mag subjektiv begründet sein, dürfte allerdings keiner offiziellen Prüfung der Polizei standhalten. In Grenzfällen entscheidet der Polizist vor Ort, ob du ein nicht erlaubtes Messer führst oder ob deine Klinge gerade noch in der erlaubten Liga schnitzt. Wenn ihr Handwerker oder Jäger seid und gerade zur Arbeit oder ins Revier fahrt, braucht ihr euch darüber keine Gedanken zu machen. Wenn **ich** aber in den Wald gehe und dort mit einem Messer unterwegs bin, das eine Klingenlänge über 12 Zentimeter hat, was passiert dann? Bekomme ich Probleme? Ist der allgemein anerkannte Zweck nicht auch ein Hobby wie Bushcrafting oder Urban Exploring?

Ich wollte das mal genauer wissen und habe zu diesem Zweck einige Polizisten befragt und verschiedene Polizeidienststellen kontaktiert. Das Ergebnis ist nicht unkomisch: Jeder sagt etwas anderes. Mal erlaubt, mal egal, mal streng verboten, die ganze Palette. Es kommt also darauf an, mit wem ihr es zu tun habt und wie diese Person die Situation bewertet, in der sie dich mit dem Messer angetroffen hat. Ich will eure Phantasie nicht allzu sehr beflügeln, aber es kann Situationen geben, in denen ihr eine möglichst gute Begründung dafür haben solltet, ein langes Messer mitzuführen. Ich selbst möchte wegen eines Messers ganz sicher keinen Ärger und nutze deshalb keines der oben angesprochenen strittigen Teile. Man benötigt sie auch nicht unbedingt für unser Hobby und kommt mit den erlaubten kleineren Messern in den meisten Fällen im Wald oder in einem Lost Place gut zurecht.

ZWIEBELSCHICHTEN
SCHUHE SIND DIE BASIS,
DER REST DIE KÜR.

Meine Standardantwort lautet: Immer bei den Schuhen anfangen. Wenn mich Leute fragen, was sie sich für Outdoor-Kleidung leisten sollen, erkläre ich es ihnen immer wieder: Schuhe sind das Wichtigste. Gute Schuhe können Abenteuer retten, schlechte Schuhe die schönsten Touren zur Tortur machen. Gerade für Anfänger und Leute, die sich langsam an ihr neues Hobby herantasten möchten. Der Rest ist nicht so wichtig: Eine alte, gemütliche Hose und eine bequeme Jacke hat ja wahrscheinlich jeder irgendwo im Schrank. Klamotten, die man normalerweise für

Umzüge, zum Malen oder für die Gartenarbeit hervorholt, nichts Modisches und nichts Förmliches. Beginnt damit, nehmt Sachen, die dreckig werden dürfen oder auch nach dem ersten, zweiten Einsatz auf Nimmerwiedersehen verschwinden können.

Schuhe aber sind etwas anderes. Klar, ein Paar olle Turnschuhe hat sicher auch jeder noch herumstehen. Doch die sind in der Regel nicht dafür gemacht, lange Wanderungen oder einen Klettersteig damit zu riskieren. Generell möchte ich einen festen Turnschuh nicht verdammen, vor allem, wenn er wie ein Basketballstiefel über die Knöchel geht und somit auch etwas Stabilität verleiht. Und ja, wenn nur eine kleine Wanderung im Sommer auf befestigten Wegen ansteht, ist ein Turnschuh vielleicht okay, solange das Gelände nicht zu steinig ist. Willst du allerdings bei nassem herbstlichem Wetter durchs Unterholz streifen, ist er schon überfordert, so schick er auch aussehen mag. Nach wenigen

ZWIEBELSCHICHTEN

Sekunden wird dein Fuß klitschnass sein. Folge: Die Kälte zieht durch deinen ganzen Körper, der Spaß bleibt auf der Strecke.

Was also tun? Ich für meinen Teil habe Sommer- und Winterstiefel im Einsatz. Die Sommerstiefel sind natürlich sehr atmungsaktiv und leicht, das Wintermodell hingegen absolut wetterfest und wärmend. Wichtig bei der Schuhwahl: Probiert verschiedenste Modelle aus, bis ihr an einen Schuh geratet, der euch wie angegossen passt, bei dem ihr das Gefühl habt: Den Schuh will ich nie wieder ausziehen. Ich empfehle, unbedingt einen Shop mit qualifizierten Mitarbeitern aufzusuchen.

Nächstes Problem: Wie erkennt man, dass ein Kollege Ahnung hat von dem, was er da tut? Erster Hinweis: Fachleute im Schuhladen stellen eine Menge Fragen. Man nennt es Bedarfsanalyse: Was wollt ihr mit den Schuhen genau machen? Für welchen Hobbybereich sind sie gedacht? Welche Temperaturen und welches Wetter erwartet ihr in der Regel? Probiert ruhig verschiedene Marken aus und lauft damit mehrere Runden durchs Geschäft. Ich habe nach meinen Wanderstiefeln, die mich über die Alpen gebracht haben, rund drei Monate gesucht. Ich bin fast verzweifelt, wollte allerdings auch keine Kompromisse eingehen. Wenn ich 550 Kilometer vor mir habe, muss einfach alles bis ins kleinste Detail stimmen. Sonst werden 500 Kilometer davon zur Qual.

Bei der Wahl der Bekleidung empfehle ich immer das Drei-Schichten-Prinzip. Verwechselt das nicht mit dem Zwiebellook, von dem man schon so oft gehört hat. Da werden einfach wahllos mehrere Sachen übereinander angezogen, aber wenn man Pech hat, hilft das gar nichts. Ich habe das auch eine Weile falsch gemacht und mich gewundert, dass ich zwar aussah wie ein Michelinmännchen, aber trotzdem gefroren habe. Das Drei-Schichten-System, an das ich glaube, funktioniert so:

SCHICHT 1 ist die Kleidung, die direkt am Körper getragen wird. Unterhose, T-Shirt und Funktionswäsche. Diese Schicht sollte atmungsaktiv sein und den Körper trocken halten. Sie transportiert Feuchtigkeit nach außen, weg vom Körper. Dass ihr dabei die Kleidung an die Temperatur und die Jahreszeit anpasst, versteht sich von selbst. Wenn ein dickes Baumwoll-T-Shirt erst einmal durchgeschwitzt ist, trocknet es sehr langsam. Das fühlt sich absolut unangenehm an und führt sehr schnell zur Auskühlung.

SCHICHT 2 ist die Wärmeschicht. Hier nutze ich oft Fleece, Kunstfaser oder Daunenjacken. Es gibt diese zweite Schicht in verschiedensten Farben, Formen und Stärken. Sinn und Zweck dieser Materialien ist es, ein Luftpolster zu schaffen, ähnlich wie bei einem Schlafsack, das die Körperwärme nicht abgibt, sondern speichert.

SCHICHT 3 ist die Wetterschicht. Die sollte zwar auch atmungsaktiv sein, aber noch wichtiger: wasser- und winddicht. Das klingt in der Theorie ganz toll, ist aber gar nicht so einfach. Noch ein Tipp: Bei den Jacken würde ich immer darauf achten, dass unter den Armen große Belüftungsschlitze eingearbeitet sind, die ihr mittels Reißverschluss öffnen könnt. Wichtig!

Wichtig ist ebenfalls, dass ihr euer Körperklima selbst reguliert. Wie meine ich das? Ganz einfach, am Beispiel Wandern oder Trekking: Wenn man in Bewegung ist und dazu einen Rucksack trägt, entwickelt man eine enorme Hitze. Selbst im Winter habe ich dabei meist nur ein Funktionshirt und eine wetterfeste Jacke an. Sollte das doch einmal zu frisch sein, reicht oft schon eine dünne, wärmende Schicht obendrauf. Meistens kann man die aber nach ein oder zwei Kilometern schon wieder ausziehen, da der Körper schnell warm gelaufen ist. Und genau das ist so verdammt wichtig: Wenn ihr merkt, dass ihr extrem schwitzt, reduziert schnellstmöglich die wärmende Schicht. Im Sommer kann das hin und wieder eng werden, wenn man nicht mit nacktem Oberkörper losmarschieren möchte. Im Winter aber haben wir immer die Möglichkeit, je nach Wetterlage Kleidungsstücke auszuziehen. Nur Vorsicht, selbst bei kleineren Pausen: Der Körper kühlt erstaunlich schnell wieder aus, deshalb bei Unterbrechungen der Tour immer einen Pullover mehr überziehen.

Manchmal schüttele ich den Kopf, wenn ich sehe, wie viele Outdoor-Anfänger diesen Fehler machen: Sie ziehen sich richtig warm an und brüten dann unter ihren zahlreichen Schichten diverse Schweißbäche aus. Die wundern sich sogar noch, warum ihnen die Wanderung unter diesen Umständen so gar keinen Spaß macht. Es ist, als ob sich kochende Teekesselchen auf den Weg machen, ich kann sie schon von weitem an ihren roten Köpfen erkennen. Und ungesund ist es auch, ganz abgesehen davon, dass solche Hitzestaus auch die Leistungsfähigkeit des Körpers beeinträchtigen. Die «Brüter» verlieren viel mehr Flüssigkeit und Energie, als die Strecke es erfordern würde. Und sie wundern sich, dass sie so schnell schlappmachen und selten bis ans Ziel durchhalten. Erst in den Pausen beginnen sie völlig verschwitzt damit, sich von ein paar Schichten zu trennen, was im Winter ein absolutes No-Go ist. Der klitschnasse Körper wird so im Ruhemodus der Kälte ausgesetzt. Ganz heikel. Ich muss aber zugeben: Ich habe es früher nicht anders gemacht. Erkältungen und grippale Infekte pflasterten meine Touren ... Zum Glück habe ich in den letzten Jahren meine Lehren daraus gezogen. Krank bin ich jetzt viel seltener.

IN DER HITZE DER NACHT
SEIT TAGEN KEINE ZIVILISATION MEHR UM DICH HERUM? KEINE ENTSCHULDIGUNG FÜR MIESES ESSEN.

Essen hält Leib und Seele zusammen, das ist bekannt. Was aber tun, wenn man in der wilden Steppe der österreichischen Alpen unterwegs ist, ohne dass ein Almbauer mit einem Wiener Schnitzel locken würde? Oder wenn man in einer unterirdischen Fabrik übernachtet und nach einem langen Tag der Magen knurrt. Blöde Frage – man macht sich selbst was zu essen. Bloß: Womit?

Ich habe mittlerweile fast alles getestet, was so auf dem Markt der Outdoor-Kocher unterwegs ist: Gaskocher, Spiritusbrenner, Holzvergaser, Hobo-Kocher, Esbitwürfel und noch einiges mehr. Das Resultat: Ich nutze eigentlich nur zwei Varianten. Gaskocher sind perfekt für Trekking oder generell für Ausflüge, bei denen es schnell gehen soll. Innerhalb von wenigen Sekunden ist der Gaskocher aufgebaut und kann direkt in Betrieb genommen werden. Kleiner Tipp am Rande: Mit einem Windschutz sparst du ordentlich Energie, und die Gaskartusche hält deutlich länger. Ich nutze einen Schraubaufsatz, damit ich nach dem Kochen alles wieder in kleinste Teile auseinanderbauen kann – gut für ein effektives Packmaß.

Wichtig ist, dass ihr bei Auslandsreisen vorher recherchiert, was dort vor Ort für Ventile als Standard genutzt werden und ob es überhaupt Gaskartuschen zu kaufen gibt. Auf meiner 150-Kilometer-Tour auf Mallorca stand ich an einem Sonntag in Palma und habe natürlich **keine** passende Kartusche bekommen, da alle Geschäfte geschlossen hatten. Am nächsten Tag war ich dann schon im Gebirge. Dumm gelaufen. Kein Gas, kein Spaß. Ich habe mir dann mein Essen mittels eines improvisierten kleinen Lagerfeuers warm gemacht und leise wimmernd an meine Gaskartuschen in Deutschland gedacht.

In anderen Ländern gibt es zudem sehr unterschiedliche Verschlusssysteme, die mit dem herkömmlichen Kocher selten kompatibel sind. Aus diesem Grund habe ich mir inzwischen einen Multifunktionskocher zugelegt, der für die verschiedensten Ventiltypen funktioniert. Falls du also öfter Reisen ins Ausland unternimmst, würde ich dir auch dazu raten.

Noch ein Tipp: Rechne vorher aus, wie viel Gas du auf deinen Touren benötigst. Schließlich möchtest du nicht unnötig Brennstoff mit dir rumtragen. Ich habe mir anfangs meine Kartuschen immer markiert, damit ich irgendwann nachvollziehen konnte, wie viel ich mit einer kleinen 100-Gramm-Kartusche gekocht hatte. Das sind so kleine Erfahrungswerte, die man nach und nach sammelt.

Lass dich auch nicht frustrieren, wenn mal etwas in die Hose geht. Es ist noch kein Outdoor-Bocuse vom Himmel gefallen ... nicht mal ein Tim Mälzer. Lerne einfach aus Missgeschicken und mach es beim nächsten Mal besser. Wie sagt man so schön? *Fail often, fail fast, fail forward.*

Mache also ruhig Fehler, und das in der Anfangszeit gerne auch oft. Genau das sind die Momente, die im Kopf hängen bleiben und dich als Outdoor-Artist weiterbringen. Natürlich ist damit kein dubioser Umgang mit dem Messer gemeint oder andere lebensgefährliche Sachen. Ich rede von den kleinen Dingen, die outdoor in die Hose gehen, etwa vom Kocher direkt in die mitgeführte Mülltüte …

Die zweite Koch-Variante, der ich da draußen in der Natur vertraue: der Holzkocher, auch **Hobo** genannt. Theoretisch könnte man sich natürlich den Kocher sparen und einfach auf dem Lagerfeuer brutzeln, aber mit dem Holzkocher ist der Koch- oder Grillvorgang deutlich effektiver und entspannter. Der Holzkocher ist quasi eine Art Minikamin aus Metall. Meistens kann man ihn zusammenstecken oder auch falten. Durch den Luftzug wird die Brennkammer darin ordentlich mit Sauerstoff versorgt, und man hat zusätzlich die Möglichkeit, einen Topf oder einen Becher darauf abzustellen.

Auch beim Geschirr nutze ich zwei Varianten. Auf meinem Gaskocher und bei den Trekkingtouren habe ich einen 750-Milliliter-Titanbecher mit Deckel dabei. Der ist leicht und hat genug Fassungsvermögen für die Zubereitung von Trekkingnahrung oder auch einen schönen Tee am Abend. Durch den Deckel geht kaum Wärme verloren, und das Wasser kocht deutlich schneller. Titan hat den Vorteil, dass es sehr leicht ist – auch mein Essbesteck ist aus Titan. Etwas schwerer, aber auch deutlich günstiger ist Edelstahl. Genau das Richtige für Bushcraft und Survival. Ich nutze dafür einen 2,5-Liter-Topf mit Henkel und passender Pfanne als Deckel. Eine optimale Größe, um mal etwas mehr zu kochen. Durch den Bügel kann man sich auch verschiedenste Halterungen bauen und den Topf über dem Feuer positionieren – das kennt ihr sicher aus alten Western.

SAUBER, MANN!
SELBST WENN DU NIEMANDEM BEGEGNEST, DEM DU GEFALLEN MUSST – HYGIENE IST AUCH OUTDOOR KEINE GLÜCKSSACHE.

Wie im normalen Alltag spielt das Thema Hygiene auch bei Outdoor-Touren eine wichtige Rolle. Jeder normale Mensch will Krankheiten oder Infektionen vorbeugen und gesund bleiben, vor allem, wenn er seinem Körper extreme Anstrengungen abverlangt. In den meisten Drogerien gibt es eine Extraabteilung für Leute wie uns: alles voll mit Reiseartikeln. Dort findet man (fast) alles, was man benötigt, in kleiner Größe. Ich habe mir ein kleines Hygiene-Kit zusammengestellt. Jeder sollte so ein Kit auf seine persönlichen Bedürfnisse anpassen und je nach Tour und Erfahrungen auch erweitern oder verkleinern.

Mein Kit besteht in der Regel aus:

- **Toilettenpapier**
- **Taschentüchern**
- **Zahnbürste**
- **Zahnpasta**
- **Deo**
- **Biologisch abbaubaren Seifen (für Körper und Geschirr nutzbar)**
- **Sonnencreme**
- **Hirschtalgcreme**

Falls jemand nicht weiß, was Hirschtalgcreme ist oder wozu man sie braucht: Hirschtalgcreme beugt Blasen perfekt vor, ich empfehle sie vor langen Wanderungen jedem, der dafür anfällig ist.

SAUBER, MANN!

Bei diesem Stichwort muss ich an eine ... nun ... Anekdote aus meiner Bundeswehrzeit denken. Zu den Freuden des Rekrutenlebens zählten sogenannte Leistungstests, zu denen auch ein 12-Kilometer-Leistungsmarsch gehörte. Wenn es um Sport geht, bin ich in der Regel ehrgeizig. Ich strengte mich also an und lag auch gut in der Zeit. Das Wetter war ziemlich feucht, aber das nahm ich gar nicht richtig wahr, ich fokussierte mich nur auf mein Ziel. An den Füßen trug ich die typischen grünen Bundeswehrsocken und schwarze Lederstiefel, nicht unbedingt klassische Sportausrüstung. Ich hielt aber mein Tempo und kam locker in der geforderten Zeit ins Ziel. Irgendwie fühlte ich allerdings auf den letzten Kilometern meines Marsches schon, dass in meinen Schuhen etwas nicht in Ordnung war, es fühlte sich alles so schwammig an. Beim Ausziehen der Stiefel folgte dann die böse Überraschung: Ich hatte mir an beiden Hacken riesige Blutblasen gelaufen, die randvoll mit Wundflüssigkeit waren. Kein schöner Anblick und definitiv auch kein schönes Gefühl. Ich zog mir also meine Schlappen an und machte mich auf den Weg zum Truppenarzt. Was dann passierte, hatte ich so auch noch nicht erlebt: Das Erste, was der Arzt machte, als er meine Blase sah, war: Er grinste, zückte sein Handy, und während er jede Menge Detailaufnahmen von meinen Splatter-Wunden an den Fersen machte, sagte er immer wieder: «So was habe ich in meiner ganzen Zeit bei der Bundeswehr noch nie gesehen!» Na toll. Irgendwann bequemte sich Doc Handy dann tatsächlich noch, meine Wunden zu verarzten. Krank geschrieben wurde ich natürlich nicht, obwohl ich erst nach zwei Wochen wieder normal laufen konnte. Immerhin habe ich meine Lehre daraus gezogen: Mittlerweile nutze ich gut gepolsterte Trekkingsocken und schmiere meine Füße bei Touren immer mit Hirschtalg ein. Seitdem habe ich keine einzige Blase mehr gehabt, bis auf eine einzige Ausnahme, bei sehr heißem Wetter.

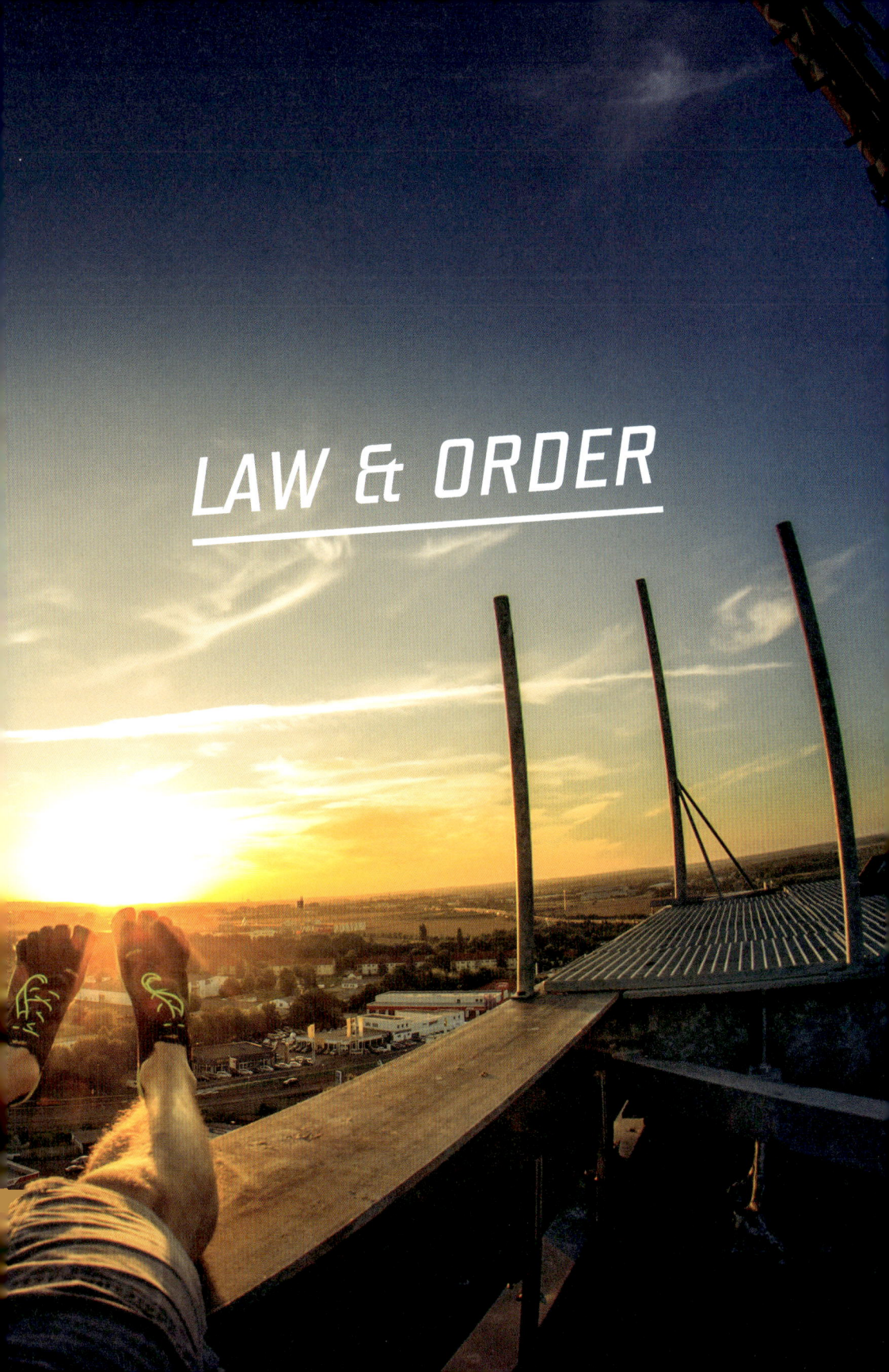

«Wer sich den Gesetzen nicht fügen will,
muss die Gegend verlassen, wo sie gelten.»

Napoleon Bonaparte

DEIN GUTES
(UND WENIGER GUTES) RECHT
GUT ZU WISSEN, WAS MAN DARF UND NICHT.
IM PRINZIP. (MANCHMAL SCHÜTZT
UNWISSENHEIT SOGAR VOR STRAFE.)

«Das war das teuerste Foto, das du je gemacht hast», sagt der Mann und schaut dabei, als geschähe mir das auch verdammt recht. Er ist sauer, offenbar persönlich betroffen. Was die Sache ein wenig kompliziert macht: Es handelt sich um einen Polizisten. Und zwar keinen, der auf der Straße den Verkehr regelt und Leuten, die bei Rot über die Ampel gehen, eine Verwarnung zu 10 Euro ausspricht. Dieses leicht verspannte Exemplar hier ist der Einsatzleiter einer ganzen Armada von Uniformträgern, die um mich herumstehen. Und es sieht in diesem Moment, am frühen Abend eines Sommertages in Magdeburg, wirklich nicht so gut für mich aus. Dabei habe ich nichts sonderlich Spektakuläres getan. Ich habe einige Fotos von Magdeburg gemacht, aus der Vogelperspektive. Wo ist also das Problem?

Nun. Ich erzähl mal von vorne. In Magdeburg gibt es ein Hochhaus, um das ich zu dieser Zeit, 2014 muss das gewesen sein, schon längere Zeit geschlichen war. Es stand schon seit einiger Zeit leer, als ich es registrierte, es war vielleicht 16 oder 17 Stockwerke hoch und stand an einer vielbefahrenen Straße in Magdeburg. Natürlich war ich neugierig. Wie würde es da drin aussehen? Was gab es zu entdecken? Ich hatte schon

einige Observierungstouren unternommen, um herauszufinden, ob es irgendwo einen offenen Einstieg in das Haus gab. Das schien nicht der Fall zu sein. Und ihr kennt ja meine Haltung: Wenn es zu ist, ist es zu. Ich breche nirgendwo ein, um einen Lost Place zu erkunden, das gehört zu unserem Ehrenkodex.

Bei meinem dritten oder vierten Ortstermin war mir dann in fünf oder sechs Metern Höhe, auf Höhe des 2. Stocks, an der Hauswand ein Spalt in einer Holzplatte aufgefallen. War das eine Möglichkeit? Ich schlich noch ein wenig auf dem Gelände herum, bis ich schließlich entschied: Das versuche ich mal.

Kein einfacher Stunt, wirklich nicht. Ich musste an einer recht glatten Hauswand hochklettern, wobei es nur die Möglichkeit gab, mich an einigen überstehenden Kanten hochzuziehen und mit Kamera und einem kleinen Rucksack durch einen wirklich sehr engen Spalt zu klettern. Es dauert etwas, und es war richtig, richtig anstrengend, aber es funktionierte. Ich war erst einmal drin. Es stellte sich heraus, dass sich hinter der Holzplatte eine Art Außentreppenhaus befand, von dort ging eine Tür ab ins Gebäude. Und diese Tür war offen! Ich war drin.

DEIN GUTES (UND WENIGER GUTES) RECHT

Ich weiß noch, dass ich zunehmend begeistert durch das Haus stromerte, denn in vielen der Wohnungen hatten die ehemaligen Mieter amüsante, inzwischen eher altmodische Einrichtungsgegenstände zurückgelassen: In einigen Kinderzimmern hing die ganze Posterwelt der neunziger Jahre aus der Bravo und anderen Jugendmagazinen an der Wand. Das ist es, was ich an diesen Lost-Places-Erfahrungen so mag: Manchmal fühlt man sich wie auf einer Zeitreise. Je weiter ich nach oben kam, umso gruseliger wurden allerdings die Eindrücke. In den oberen Etagen standen viele Fenster offen oder waren zerstört worden, und diese Einladung hatten die Tauben der Gegend dankend angenommen. Hunderte von ihnen flatterten aufgeregt um mich herum, offenbar empfing man in ihrer Welt hier oben nur selten Besuch. Es lagen auch viele tote Tauben in den Fluren der oberen beiden Stockwerke. Das machte die Atmosphäre dort nicht heimeliger, wie ihr euch vorstellen könnt.

Ich war froh, dass ich durch die Wartungsklappe eines Aufzugs sogar auf die Dachterrasse gelangen konnte. Von hier oben hatte man einen grandiosen Blick über die Stadt – und die Taubenplage war unter freiem Himmel deutlich besser zu ertragen. Mein Kletter-Stunt hatte sich definitiv gelohnt, ich fotografierte, was das Zeug hielt. Irgendwann bemerkte ich in der Mitte der recht geräumigen Dachterrasse eine Art Sendemast eines Telefonanbieters, ungefähr 10 Meter hoch. Ich überlegte nicht lange: Da konnte ich jetzt doch auch noch schnell raufklettern! Mit Hilfe eines Klettergurts mit Kurzsicherung war ich ruck, zuck oben und machte unverdrossen meine Fotos, schließlich war der Blick von hier auf die Magdeburger Innenstadt unvergleichlich. Ich ließ mir Zeit, um das Szenario auszukosten. Von meinem Standort aus konnte man den Verlauf einer mehrspurigen Straße, die zur Magdeburger Innenstadt führte, wunderbar verfolgen. Deshalb fiel mir auch gleich auf, dass da am Horizont plötzlich einige Feuerwehrautos mit lautstarkem Alarm auftauchten, begleitet von drei, vier Polizeifahrzeugen, die ebenfalls ihre blaue Disco-Beleuchtung rotieren ließen. Ich dachte noch: «Meine Güte, was ist denn hier passiert?», und schaute mit Panoramablick über die Stadt, aber ich konnte nichts sehen. Kein Autounfall, kein Brand, gar nichts.

LAW & ORDER

Unterdessen war das bullige Staatsmacht-Geschwader näher gekommen, zu den Feuerwehr- und Polizeiautos hatten sich auch noch zwei Rettungswagen gesellt, Johanniter, wenn mich nicht alles täuscht. So langsam wurde ich nervös. Was war denn hier bloß los?

Erst als ein Polizeiwagen – ein schicker neuer Passat – mit quietschenden Reifen um die Ecke schoss und vor dem Hochhaus scharf bremste, auf dem ich mich gerade befand, schickte mir der Herr den Blitz der Erkenntnis: «Scheiße, die sind wegen mir hier?!»

Und das waren sie wirklich. Offenbar hatte irgendein Passant mich auf dem Haus herumturnen sehen und das getan, was ein guter Staatsbürger eben tun muss, wenn sich Anarchie im braven deutschen Gemeinwesen einschleicht: Er hatte die Polizei gerufen. Und die war jetzt da, mit ihren Freunden von der Feuerwehr, den Rettungssanitätern und – wie ich später feststellte – auch mit den psychologischen Fachkräften, die auf so eine Bratnase wie mich angesetzt werden. Nach und nach füllte sich der Parkplatz zu meinen Füßen, es sah aus wie eine Szene aus **Alarm für Cobra 11**: Es flackerten die farbigen Lichter, es tuteten die Martinshörner – weniger Lametta war wirklich selten in Magdeburg. Sogar die mehrspurige Straße vor dem Hochhaus hatte man meinetwegen gesperrt. Mir war klar: Ich hatte ein kleines Problem. Wie kam ich aus der Nummer respektive diesem Haus wieder raus, ohne gefasst zu werden?

Scharf nachgedacht, dann festgestellt: Vermutlich gar nicht. Ich hatte nur zwei Möglichkeiten: geordneter Rückzug oder die Suche nach einem Versteck im Haus. Variante zwei hatte einen großen Nachteil. Ich würde vermutlich ohnehin gefasst werden, möglicherweise mit der Hilfe eines Hundes – das klang schon beim ersten Drübernachdenken schlecht. Denn es würde vermutlich seine Zeit dauern, bis der Bello mich aufgespürt hätte. Zeit, in der ungefähr 20 Fahrzeuge aller möglichen Institutionen vor dem Haus campierten, auf Kosten des Steuerzahlers. Nein, ich musste diesen Wahnsinn so schnell wie möglich beenden. Also rief ich bei der Polizei an und erklärte ihnen, wer ich war: «Ich habe offenbar gerade einen Großalarm ausgelöst.» Ich beteuerte, dass ich die Absicht

hätte, schnell nach unten vors Haus zu kommen, man möge doch davon absehen, mich bei einem vermeintlichen Fluchtversuch zu erschießen. Der Polizist am anderen Ende der Leitung lachte vergnügt: «Ach SIE sind das …» Offenbar war der Hochhaus-Zwischenfall schon Thema Nummer eins in der Magdeburger Polizeizentrale.

Zehn Minuten später stand ich vor dem Haus und wurde von allerlei Uniformierten in Empfang genommen. Ich erklärte Ihnen so ruhig, wie ich konnte, dass ich bloß ein Fotograf sei, der ein paar schöne Bilder von Magdeburg machen wollte. Sie hörten sich meine Geschichte an und musterten skeptisch die Kamera, so langsam entspannte sich der Tatort. Es stellte sich heraus, dass man davon ausgegangen war, dass ich ein Selbstmordkandidat sei, der sich für seinen letzten Auftritt die ganz große Bühne ausgesucht hatte. Die Jungs vom Rettungsdienst und von der Feuerwehr blieben ganz entspannt und wollten sogar wissen, was ich denn so alles fotografiert hatte, auch der Psychologe war sehr freundlich. Vermutlich war er froh, dass er sein rhetorisches Erbauungsprogramm bei mir erst gar nicht auszupacken brauchte.

Nur die Herren von der Polizei blieben bis zum Schluss ein wenig feindselig, wohl erzürnt darüber, dass ihnen ein Lost-Places-Jäger so einen Aufriss beschert hatte. Sie nahmen meine Personalien auf, schließlich folgte der eingangs erwähnte Spruch des Polizisten von wegen teuerstes Foto ever. Abrupt drehte er sich um, im Weggehen noch ein forsches «Sie hören dann von uns» fallen lassend. Polizei ab. Ich habe dann zu Hause erst einmal recherchiert, ob mich dieser Großeinsatz womöglich auf Jahre verschulden sollte.

Ich hätte natürlich damit rechnen müssen, dass es früher oder später einmal zu so einer Situation kommen würde. Lost-Places-Jäger, das weiß ich ja, bewegen sich rechtlich fast immer in einer gewissen Grauzone. Im Grunde war das, was wir da meistens machten, offiziell Hausfriedensbruch. Oder wie man im Österreichischen so putzig sagt: Besitzstörung. Auch wenn wir nachweislich nicht die Absicht haben, etwas mitgehen zu lassen oder einzubrechen, bleibt der Tatbestand bestehen: Wir nehmen es in Kauf, uns unbefugt auf fremdem Grund und Boden aufzuhalten. Zum Glück ist Hausfriedensbruch ein Antragsdelikt. Werde ich von der Polizei oder einem Wachdienst an einem Ort aufgegriffen, an dem ich nichts verloren habe, werden meine Personalien festgestellt, und an den Besitzer des jeweiligen Gebäudes geht eine Meldung darüber raus. Der müsste mich nun anzeigen, wenn das Delikt weiterverfolgt werden soll, was er in der Regel nicht macht. Warum auch? Ist ja nichts weggekommen, nichts zerstört worden. Und es ist ja doch lästig, seine Zeit mit so offensichtlich sinnlosen Klagen zu verplempern. Meistens kommen wir also ungeschoren davon – toi, toi, toi.

Aber klar, rechtlich bewegen wir uns in einer Grauzone. Ich versuche, möglichst nicht mit dem Gesetz in Konflikt zu kommen. Ich habe da meinen eigenen Weg gefunden und stelle mir immer die Frage: «Kann ich das, was ich gerade mache, mit meinem Gewissen vereinbaren?» Wenn ich das nicht sofort mit einem klaren Ja beantworten kann, lasse ich von der ganzen Idee die Finger, egal, wie reizvoll sie mir erscheint. Das ist übrigens nicht nur beim Lost-Places-Jagen so. Schon mit einem Zelt im Wald zu campieren ist in Deutschland nicht erlaubt. Wenn ich mir aber dort ein ruhiges Fleckchen suche, um eine herrliche Nacht in der Natur zu verbringen, kann ich so ein harmloses Vorhaben durchaus mit meinem Gewissen vereinbaren, auch wenn ich damit offiziell ein Gesetz breche. Ich schade doch niemandem, nehme meinen Müll wieder mit nach Hause und respektiere die Umwelt. Wo ist also das Problem?

Klar, manchmal wird man dabei erwischt. Ratsam ist es, in so einem Moment ruhig zu bleiben, nicht aggressiv oder flapsig zu reagieren. Der Ton macht die Musik. Sei möglichst defensiv und einsichtig, sei höflich und versuche mit der Person ins Gespräch zu kommen, die dich in der alten Villa, der Fabrik oder im Wald aufgegriffen hat. In der Regel dürfte das ein Polizist, ein Wachmann oder ein Förster sein. Es besteht die Hoffnung, dass wenigstens Letzterer genau wie du die Natur liebt und deinen Argumenten folgen kann: Er kann sicherlich verstehen, warum man gern mal draußen in der freien Natur übernachtet. Versuche auf jeden Fall, mit deinem Gegenüber ins Gespräch zu kommen, Deeskalationsstrategien helfen meistens, eine an sich schon unangenehme Situation ein wenig zu entkrampfen. Wenn man natürlich auf einen übellaunigen Polizisten trifft, wird es ziemlich schwer, einen heiter verständnisvollen Tonfall beizubehalten. Sieh es als eine Lektion in Demut.

Das teuerste Foto meines Lebens kostete am Ende übrigens 350 Euro. Nur die Polizei hat mir den Hochhaus-Einsatz in Rechnung gestellt, von Feuerwehr und der Johanniter Unfallhilfe habe ich nie wieder gehört. Und einen Artikel in der Magdeburger Volksstimme über meinen Foto-Stunt auf dem Dach des Hochhauses hat es noch obendrauf gegeben. Ich würde sagen: Das war es wert!

WEITER, IMMER WEITER? SCHON. ABER NIE DAS ATMEN VERGESSEN!

Wenn ich in mein Büro komme, um einen YouTube-Film zu schneiden oder eine neue Tour zu planen, liegt links von meinem Schreibtisch auf einem kleinen Beistelltisch ein Stück eines grünen Kletterseils, nicht zu alt, nicht zu neu, an einer Stelle allerdings schon ziemlich durchgescheuert. Kein Seil mehr, dem man im Zweifel am Berg sein Leben anvertrauen würde. Meistens nehme ich es kurz in die Hand, wenn ich ins Zimmer komme und lächle leise, es ist mein kleines Ritual geworden, und ich bin jedes Mal, wenn ich das grüne Seil in der Hand halte, dankbar für mein Leben.

Rund 70 000 Leute folgen mir inzwischen auf YouTube, schauen dort, was ich für Abenteuer erlebe, in welchen Ländern ich unterwegs bin und wie ich mich als Outdoor-Spezi in der Welt schlage. Als ich vor ein paar Jahren mit dem Outdoor-Hobby begann, hätte ich nie gedacht, dass mein Leben sich so schnell so grundlegend ändern würde. Ich habe keinen Nine-to-five-Job mehr, ich bin heute hier, morgen dort und weiß nie so genau, was der nächste Tag bringen wird. Und wisst ihr was? Ich liebe es. Ich liebe es, nach vergessenen Orten zu suchen und die Alpen zu Fuß zu überqueren, ich liebe es, in Wäldern zu übernachten und das «meinen Job» zu nennen, und ich liebe es auch, von meinen Erlebnissen auf meinem YouTube-Kanal **Fritz Meinecke** zu berichten. Ich, der ich bis vor drei, vier Jahren nur innerhalb Deutschlands verreiste und vielleicht gerade noch Teile von Österreich oder der Schweiz kennenlernte, bin nun ständig auf der ganzen Welt unterwegs, mit Wigald Boning fürs Fernsehen in Tschernobyl, mit meiner Familie in den USA, demnächst hoffentlich mit meinem Kumpel Bommel in Nepal auf dem Himalaya. (Der **Annapurna Circuit** ist mein Traumprojekt für den Herbst 2017 – und mit Bommel zusammen habe ich ja auch schon die 550-Kilometer-Alpenüberquerung geschafft.)

EPILOG

Wenn ich an all das denke, muss ich mich zwicken: Mehr Freiheit geht nicht, schöner könnte mein Leben nicht sein. Ich betone das an dieser Stelle, am Ende meines Buches, noch einmal ganz explizit. Einerseits aus Demut und Dankbarkeit, andererseits aber auch aus dem Wunsch heraus, euch allen, die ihr euch für Outdoor interessiert, etwas mit auf den Weg zu geben: Verlasst eure Komfortzonen, wenn ihr euch mal wieder richtig spüren wollt, zieht hinaus in die Natur, geht Risiken ein – ihr werdet es nicht bereuen. Haltet aber zwischendurch auch einmal an, atmet. Lebt einen Tough Mudder oder einen Triathlon so intensiv wie einen Grand-Canyon-Trek, seid neugierig auf die Welt und bleibt es. Haltet nichts für selbstverständlich, bewahrt euch die Fähigkeit, auch über die vermeintlich kleinen Dinge im Leben staunen zu können.

Klar, ich beobachte mich auch dabei, wie ich manchmal in diesen «Hab ich alles schon gemacht, hab ich alles schon gesehen»-Modus gleite und ungeduldig den nächsten Abenteuern entgegenfiebere, während der Alltag scheinbar bloß an mir vorbeiplätschert. Im Prinzip ist auch nichts verkehrt daran, Ziele zu haben, immer weiter, immer mehr zu wollen. In diesem Jahr noch nach Nepal aufbrechen, einen Triathlon «finishen», irgendwann mal nach Japan auf eine ehemalige Bohrinsel reisen, auf der eine ganze Stadt aufgegeben wurde, bald sogar mehr als 100 000 Follower auf meinem YouTube-Kanal begrüßen zu dürfen – das sind meine großen Sehnsüchte und Pläne für die nächsten Jahre, und ich werde alles dafür tun, sie in die Tat umzusetzen. Aber ich werde **auch** versuchen, darüber nicht aus den Augen zu verlieren, dass ich an jedem einzelnen Tag auf der Welt bin, um das Leben zu spüren. An. Jedem. Einzelnen. Auch an einem verregneten Dienstagnachmittag im grauen Berlin, wenn ich mich zum Training quäle und die Steuerablage des letzten Quartals noch vor der Brust habe.

Nutze jeden Tag so, als ob es dein letzter sei. Träume nicht dein Leben, lebe deinen Traum. Habt ihr alles schon mal gehört, habt auch sicherlich schon mal dazu genickt und gedacht: Joah, im Prinzip richtig, sollte man so angehen, das Leben. Wer von euch aber hat den Mut gehabt und den A... in der Hose, es dann auch mal zu probieren, ohne Kompromisse? Die

wenigsten, schätze ich. Kein Vorwurf. Ich weiß, wie schwer das ist, denn ich war ja selbst ängstlich. Man musste mich erst vor die Tür setzen – gleich in mehrfacher Hinsicht – und mir den nötigen Tritt versetzen für das Leben, das ich insgeheim immer haben wollte. Wartet nicht auf den Tag X, an dem die Sterne günstig stehen und eure gesamten Lebensumstände plötzlich ideal für eine Veränderung erscheinen. So einen Tag, an dem plötzlich alles ganz einfach und selbstverständlich ist, wird es nicht geben. Nie. Die Grenzen der eigenen Komfortzone austesten zu wollen birgt **immer** ein Risiko. Seid ihr dazu bereit? Dann los. Denn denkt daran: Morgen kann schon alles vorbei sein. Heute hier, morgen dort, übermorgen fort ... Ich weiß, wovon ich spreche. So wie ihr wisst, dass unser Hobby nicht immer ungefährlich ist, sosehr man auch versucht, das auszublenden. Der Tag, an dem mir das noch einmal bewusst wurde, liegt gar nicht allzu lange zurück.

Es war Heiligabend, und ich genoss die gemütliche Zeit mit meiner Familie. Draußen schneite es, die Temperaturen lagen knapp unter null Grad. Kerzen brannten, im Hintergrund lief klassische Musik, harmoni-

EPILOG

scher hätte es nicht sein können. Ich weiß nicht mehr genau, was mich umtrieb, aber irgendwie hatte ich wohl das Gefühl, ich müsste diesem Tag noch eine Krone aufsetzen. Also schrieb ich meinem Freund Bommel, ob wir noch eine kleine «Nacht-und-Nebel»-Aktion starten wollten. Ich hatte schon seit Wochen mit einer Aktion geliebäugelt, die ich sensationell spannend fand. Es ging um eine Brücke, unter der ein Wartungsschacht entlanglief. Normalerweise gelangte man über eine Klappe zwischen zwei Fahrbahnen auf diese Ebene, aber nur mit dem passenden Schlüssel. Den hatte ich natürlich nicht, aber trotzdem große Lust, diesen Wartungsschacht zu inspizieren. Oft finde ich es besonders spannend, Orte zu entdecken, die ganz nah an unserem Leben sind und doch von den meisten Menschen nie wahrgenommen werden. Sei es ein Wartungsschacht unter einer Brücke, ein Hochhausdach oder ein stillgelegter U-Bahn-Schacht.

Ich war tagsüber schon einige Male auf der Brücke gewesen, um mir anzusehen, wie man an die Sache herangehen konnte. Das Problem bestand darin, dass sich der Wartungsschacht einige Meter versetzt unter der Brücke befand. Ich musste mich also von der Brücke abseilen und dann wie in einer Schaukel hin und her pendeln, bis ich das Geländer des Schachtes greifen konnte. Nichts Großartiges, im Grunde Tagesgeschäft für mich, wenn auch reizvoll.

Während meine Familie sich langsam schlafen legte, sortierte ich meine Ausrüstung und packte Klettergurt, Abseilgerät, Aufstiegsgerät, Bandschlingen, Seilschoner und Kopflampe in meinen Rucksack. Anschließend ging ich meine Ausrüstung noch einmal in Ruhe durch. Draußen war es kalt und windig, einen Moment dachte ich wirklich darüber nach, die ganze Aktion besser zu verschieben. Aber meine Neugier war einfach zu groß. Was sollte schon schiefgehen? Ich hatte schließlich schon einige urbane Kletteraktionen hinter mir. Also warf ich meinen vollgepackten Rucksack ins Auto und schickte meinem Freund Bommel eine Nachricht.

Bereits auf dem Weg zur Brücke war ich hoch konzentriert. An der Brücke angekommen, setzte ich den Ankerpunkt, positionierte den Seil-

EPILOG

schoner und prüfte ein letztes Mal mein Equipment. Für mich ging es nun abwärts, während Bommel auf der Brücke aufpasste, dass niemand das Seil löste. Da hing ich nun. Unter mir ein Fluss mit starker Strömung, dessen Wassertemperatur nur knapp über null Grad war. Über mir das Brückengeländer und die Lichter der Stadt. Vor mir mein Ziel, gute fünf Meter entfernt. Ich begann zu pendeln und kam dem Geländer immer näher. Es fühlte sich an wie eine kleine Ewigkeit, aber nach etwa 30 Minuten hatte ich es geschafft. Völlig durchgeschwitzt zwar, aber geschafft. Ich war auf dem Schacht. Und grinste breit vor Glück. So lange hatte ich mich auf genau diesen Moment gefreut. Halbherzig erkundete ich noch ein bisschen die verschiedenen Gänge auf dem Plateau, aber ohne großen Elan. Ich war hier, das war es, was für mich zählte.

«Geschafft!», denkt man sich in so einem Moment innerlich und ballt die imaginäre Becker-Faust. Fehler. Schlimmer Fehler. Man hat das Abenteuer nicht an Ort und Stelle geschafft, sondern erst dann, wenn man wieder heil am Ausgangspunkt angekommen ist. Das hieß in meinem Fall: Ich musste zurück nach oben, ungefähr fünf Meter hoch, auf die Brücke. Ich klinke mich also wieder ins Seil und wollte gerade den Aufstieg beginnen, als Bommel von oben rief: «Irgendwas ist mit deinem Seil nicht in Ordnung!» Ich schaltete meine Kopflampe an, die ich bis dahin nicht benutzt hatte, aus Angst, bei Licht könnte man mich hier oben entdecken. Und da sah ich es: mein Seil oder vielmehr das, was davon übrig geblieben war. Der Mantel hatte sich komplett gelöst, einige innere Fasern waren durchtrennt und die restlichen bereits angebröselt. Innerhalb von ein paar Millisekunden durchströmte ein Adrenalinschwall meinen Körper, der nicht in Worte zu fassen ist. Mein Herz pumpte so intensiv und schnell wie noch nie zuvor in meinem Leben.

Zum Glück neige ich nicht zur Schockstarre. Ich rief Bommel Anweisungen nach oben auf die Brücke. Kopf und Körper reagierten auf Autopilot. Mir war klar, dass ich so schnell wie möglich in eine zweite Sicherung musste. Wenige Handgriffe später hing ich dann wirklich in einem zweiten, unbeschädigten Seil und konnte meinen Aufstieg fortsetzen. Als ich Bommel auf der Brücke erreichte, war ich klitschnass und mental am

Anschlag. An Schlaf war in dieser Nacht nicht zu denken. Zwei, drei, vielleicht fünf Minuten länger an diesem schon ziemlich ramponierten Seil, und ich wäre mit ihm zusammen in die Tiefe gestürzt. Das hätte ich nicht überlebt. Das Wasser war viel zu kalt, um lange darin zu schwimmen – und mit meiner ganzen Ausrüstung wäre ich ohnehin vermutlich ganz schnell ertrunken.

Wie das passieren konnte? Wir haben es später rekonstruiert: Das Seil lief auf der Brücke über eine rissige, scharfe Betonkante, die hatte ich beim Aufbau der Seilaktion auch gesehen. Genau aus diesem Grund platzierte ich dort einen sogenannten Seilschoner, um keinen Riss in meinem Kletterseil zu riskieren. Durch meine lange Pendelei unter der Brücke verrutschte der Schoner aber offenbar um einige Zentimeter – das Seil lag frei. Man konnte es im Dunkeln nicht sehen. Durch mein Pendeln rieb das Seil immer wieder über den scharfkantigen Beton, was dazu führte, dass sich der Seilmantel und darunter schon einige Fasern komplett durchtrennt hatten.

Dieser Heiligabend änderte mein Leben schlagartig. Seitdem denke ich noch dreimal so lange über alle Eventualitäten nach, die bei einer mei-

EPILOG

ner Touren passieren können. Das Back-up hat für mich eine ganz neue Bedeutung erhalten. Bei allen Ausflügen, die ich mache, prüfe ich mittlerweile immer, ob ich für bestimmte Situationen eine Back-up-Lösung dabeihabe. Beim Klettern ein zweites mitlaufendes Sicherungssystem? Zwei Ankerpunkte? Ersatzbatterien für meine Taschenlampe, wenn ich im Bunker bin? Eine zweite Taschenlampe?

Mein Hobby ganz aufzugeben, um auf Nummer sicher zu gehen und nie wieder in Gefahr zu geraten, war niemals eine Option für mich. Dazu liebe ich das, was ich tue, viel zu sehr. Aber seit diesem Vorfall an Weihnachten ist mir erst wirklich klar geworden, wie schnell alles vorbei sein kann.

Das grüne, fast vollständig durchtrennte Seilstück liegt in meinem Büro auf dem Beistelltisch neben meinem Computer, und jeden Tag fasse ich es einmal kurz an und denke zurück an den Moment, an dem mein Leben am seidenen Faden hing. Ich bin dankbar und glücklich darüber, dass ich immer noch eins habe und koste es mit ganzer Kraft aus. Euch kann ich nur das Gleiche raten: Traut euch aus eurer Komfortzone raus.

Get a life!

Wenn ihr nun Lust auf weitere Abenteuer habt, folgt mir gerne auf meinem YouTube-Kanal und den sozialen Netzwerken. Hier findet ihr mich unter **End of the Comfort Zone** und/oder «Fritz Meinecke».

Euer Fritz.

Die Rowohlt Verlage haben sich zu einer nachhaltigen Buchproduktion verpflichtet. Gemeinsam mit unseren Partnern und Lieferanten setzen wir uns für eine klimaneutrale Buchproduktion ein, die den Erwerb von Klimazertifikaten zur Kompensation des CO_2-Ausstoßes einschließt.
www.klimaneutralerverlag.de